btb

Buch

Eines Morgens verlässt Eliza mit ihrer Mutter die Stadt. Eliza wird aufs Land gebracht, zur Großmutter Augusta. Die Spur der Mutter verliert sich – für immer. Für Eliza beginnt eine glückliche Zeit. Bis der plötzliche Tod der geliebten Großmutter dem unbeschwerten Leben ein Ende setzt. Eliza wird in ein Waisenhaus gebracht. Zu ihrer Überraschung holen die Rosenbergs sie eines Tages in ihr großes Haus auf dem Goldhügel. Aber das gegebene Versprechen ist brüchig. So brüchig wie die Welt, die Eliza umgibt.

Zoë Jenny entfaltet Stück für Stück, Jahr um Jahr, Elizas Lebensgeschichte. Von der ersten Seite an blättert sie einen fesselnden, atmosphärisch dichten erzählerischen Reigen auf und erzählt in lakonischem, alles Überflüssige aussparendem Stil die bewegende Geschichte des Mädchens Eliza auf der Suche nach Geborgenheit und einer eigenen, einer unzerstörbaren Heimat.

Autor

Zoë Jenny wurde 1974 geboren und lebt heute in Basel. Ihr 1997 erschienener Debütroman »Das Blütenstaubzimmer«, für den sie u. a. den aspekte-Literaturpreis und den Preis der Jürgen-Ponto-Stiftung erhielt, war ein Sensationserfolg und wurde weltweit in 21 Sprachen übersetzt. »Der Ruf des Muschelhorns« ist Zoë Jennys zweiter Roman.

Zoë Jenny bei btb
Das Blütenstaubzimmer. Roman (72383)

Zoë Jenny

Der Ruf des Muschelhorns

Roman

btb

Umwelthinweis
Alle bedruckten Materialien dieses Taschenbuches
sind chlorfrei und umweltschonend.

btb Taschenbücher erscheinen im Goldmann Verlag,
einem Unternehmen der Verlagsgruppe Random House GmbH.

2. Auflage
Genehmigte Taschenbuchausgabe Februar 2002
Copyright © 2000 by Frankfurter Verlagsanstalt GmbH,
Frankfurt am Main
Lizenzausgabe mit freundlicher Genehmigung der Frankfurter
Verlagsanstalt
Umschlaggestaltung: Design Team München
Umschlagfoto: E. Grames
Satz: IBV Satz- und Datentechnik GmbH, Berlin
KR · Herstellung: Augustin Wiesbeck
Made in Germany
ISBN 3-442-72692-1
www.btb-verlag.de

I

Eliza wusste noch nicht, wohin sie fahren würden, als sie im Auto durch das Heckfenster das Haus kleiner werden sah. In den vorangegangenen Wochen waren in der Wohnung immer mehr Gegenstände von ihrem Platz verschwunden. Mutter hatte energisch Schubladen und Schranktüren geöffnet und den Inhalt der Möbel in Kisten verstaut. Die Zimmer waren von Tag zu Tag leerer geworden, und es war Eliza vorgekommen, als würde gleichzeitig ihre Stimme darin lauter.

Ein paar Nachbarkinder, mit denen Eliza manchmal gespielt hatte, rannten gerade aus einem Hauseingang auf den Gehsteig. Eliza klopfte gegen die Scheibe und winkte ihren kleiner werdenden Rücken nach.

Sie verließen auf einer Nebenstraße den Bezirk, in dem sie gewohnt hatten, bogen in eine breite Straße und schleusten sich im Schatten, den die Hochhäuser warfen, in den stockenden Strom des Morgenverkehrs. Eliza sah, wie sich ihr kleiner gelber Wagen in den Schaufenstern der Geschäfte spiegelte, dicht gefolgt von den Fahrzeugen hinter ihnen, als wären sie nur ein Glied einer langen Kette, die sich löste, sobald die Abzweigungen und Ausfahrten kamen und die Wagen wie ein plötzlich aufgeklappter Fächer in verschiedene Richtungen fuhren.

Großmutter Augusta wohnte nur wenige Kilometer außerhalb der Stadt in einem Haus, das früher einmal als Vorratsspeicher gedient hatte. Der alte Speicher, umgeben von Bergen und Wäldern, lag in der Nähe eines kleinen Dorfes, von dem aus man die Stadt weder sehen noch hören konnte.

Schon von weitem erkannte Eliza die an einem Waldrand dicht zusammengedrängten Häuser, die hinter den Kurven und Hügeln auf- und abtauchten, als versteckten sie sich vor ihren Blicken. Eine kaum befahrene Schnellstraße hatte in das Dorf eine Schneise geschlagen und es in seiner Mitte geteilt. An den Straßenseiten reihten sich die Bauernhäuser. Als sie das Dorf erreichten, bemerkte Eliza, wie ein Mann, die Ellbogen auf das Fensterbrett gestützt, laut mit einer Frau sprach, die im gegenüberliegenden Haus die Blumen am Fenster goss. Der Motorenlärm riss gewaltsam ihre einander von Fenster zu Fenster zugeworfenen Sätze entzwei, sie verstummten einen Augenblick und schauten beide dem gelben Wagen nach, der beim Lebensmittelgeschäft an der Ecke in die abschüssige Straße bog.

Der Speicher lag etwas außerhalb des Dorfes auf einer Anhöhe. Ein Laubengang führte um das ganze Haus herum. Eliza erkannte Großmutter, die rauchend in der Laube stand, als habe sie ihre Ankunft erwartet. Auf einer steilen Außentreppe stieg Eliza zur Laube hoch und fiel in Augustas ausgebreitete Arme. Großmutter drückte Eliza an ihre Brust, wo es nach Hafer und Rauch roch. Eliza hätte gerne noch lange so an Großmutter geschmiegt dagestanden, aber Mutter, die bereits hineingegangen war, rief ungeduldig aus dem Wohnzimmer.

Großmutter führte Eliza in die Küche, holte eine Schachtel mit Gebäck aus dem Schrank und hieß sie warten. Einen Butterkeks kauend, stand Eliza in der Küche und blickte durch das kleine Fenster der Tür in den Garten. Sie erinnerte sich, dass sie einmal mit Großmutter durch die Beete gegangen war und sie sich über die Blumen unterhalten hatten, wie über gemeinsame Freunde. Großmutter hatte ihr den Namen der Blume genannt, und Eliza antwortete ihr jedes Mal, ob der Name zu der jeweiligen Pflanze passte oder nicht. Die meisten schienen ihr falsch, und sie gab ihnen neue: »Die Nachtkerze ist eine Flammensäule«, hatte sie zu Großmutter gesagt oder: »Die Mohnblüte ist ein aufgeplatzter Zwergenschirm.« Jetzt aber neigten sich die Blütenköpfe zu Boden, als hätte ihnen die Sonne das Genick gebrochen.

Großmutter Augusta war ein warmer rauchender Berg. Die Luft in der Stube war immer schwer vom blauen Nebel, der aus ihrer Meerschaumpfeife stieg und sich in ihren großen Röcken verfing. Augusta trug stets mehrere Röcke übereinander. In ihren Stoffschichten wie in einer Rauchglocke wandelnd, ging sie durch den Speicher, als müsse sie darin irgendwann selber zu Rauch werden. Rauch, der zur Decke steigt und sich auflöst. Großmutter lüftete nie, und wenn Mutter das kleine Fenster neben dem Tisch, auf dem Bücher, Kaffeetassen, die große Muschel und Tabaksdosen herumlagen, zu öffnen versuchte, nahm Großmutter die Pfeife aus dem Mund und rief entsetzt: »Halt, lass das Fenster zu!« Sie glaubte, durch das geöffnete Fenster könne der Wind hereinwehen, den Rauch im Zimmer mitsamt ihrer Seele mitnehmen und beides für immer forttragen. Mutter zuckte dann verständnislos mit den Achseln und setzte sich kopfschüttelnd schimpfend auf einen Stuhl. Wenn sie dann am Tisch saßen und sich unterhielten, ging Eliza hinaus in den Garten. Im Sommer sammelte sie die frisch vom Baum gefallenen Pflaumen ein. Bei den fauligen klappte sie das dunkelviolette Fruchtfleisch auf und beobachtete, wie sich die Ameisen darin Wege bahnten. Eliza wusste, dass sie mit der Pflaume etwas längst Verdorbenes, Verwestes in der Hand hielt, aber sie konnte sie nicht wegwerfen und starrte gebannt auf das wimmelnde Leben darin. Doch meistens fingen Mutter und Großmutter schon nach kurzer Zeit zu streiten an, und Mutter rief Eliza barsch zu sich, packte sie ins Auto und raste davon. Durch das Wagenfenster sah Eliza Großmutter dann in der Laube stehen, und sie winkten einander zu und gaben sich Zeichen, so lange, bis Mutter in die erste Kurve bog.

Eliza hörte Mutters erregte Stimme hinter sich. Es war wieder so weit. Eliza, die immer noch in der Küche stand und in den Garten blickte, drehte sich um. Durch die einen Spaltbreit offen stehende Wohnzimmertür konnte sie Mutter von der Seite sehen. An diesem Morgen hatte sie sich nicht an den Tisch gesetzt und auch keine Anstalten gemacht, das Fenster zu öffnen. Sie hatte Elizas Koffer in der Mitte der Stube abgestellt und war dann dort wie hinter einer Mauer stehen geblieben. Sie redete auf Großmutter ein, die rauchend und stumm im Sessel saß. Es war, als ob erst die Wörter, die sie aussprach, ihre Gesichtszüge bildeten, denn mit jedem Wort, das sie auf Großmutter hinunterrief, wurde ihr Ausdruck entschlossener und härter. Dann kehrte sie sich auf dem Absatz um und ging. Eliza blickte auf die kleinen runden Abdrücke, die ihre Schuhe im Teppich hinterlassen hatten. Als Großmutter in die Küche kam, hörte Eliza draußen die Wagentür zuschlagen. Eliza stand stumm vor dem Küchenfenster, das angebissene Stück Gebäck in der Hand. Augusta legte von hinten ihre Arme um Eliza, und ihre Hände schlossen sich wie ein Gürtel um ihren Bauch.

Im Erdgeschoss des Speichers standen aneinander gestellt die Ehebetten. Seit zehn Jahren schlief Großmutter allein, neben ihr das leere Bett ihres verstorbenen Mannes. Unerbittlich hatte sie seit seinem Tod sein Bett jede Woche neu bezogen. Jetzt schlief Eliza darin. In den ersten Wochen nach ihrer Ankunft konnte Eliza oft abends nicht einschlafen. Sie lauschte dann dem Rauschen des nahen Flusses, ein Rauschen vermischt mit Augustas schwerem röchelndem Atem und dem Knacken in den Holzbalken über ihnen. Wenn es geregnet hatte, wurde das Rauschen des Flusses lauter und verdrängte die leisen Geräusche des Hauses. In Elizas Vorstellung brach dann der Fluss durch die Fenster ins Zimmer herein, und sie sah sich und Großmutter in den Betten, in winzigen Booten im Dunkel davonschwimmen. Am Morgen erwachte Eliza zusammengerollt im Bettgraben. Manchmal durfte sie zum Einschlafen ihren Kopf auf Großmutters Bauch legen. Ihr Bauch war weich, und Elizas Kopf hatte bequem darauf Platz. Sie drückte ihr Ohr fest dagegen und hörte die seltsamsten Klänge. Es gluckste und zischte. Eliza überlegte, dass in Großmutters Bauch eine Art Feuerwerk sein müsse. Wenn sie die Augen schloss, tauchten Wasserfälle auf und brennendes Holz oder Leuchtraketen. »Du explodierst«, sagte sie ihr einmal, als das Konzert in ihrem Bauch ungewöhnlich laut war, und Großmutter fing so an zu lachen, dass Elizas Kopf auf ihrem Bauch auf und ab hüpfte.

Von der Rückseite der Laube aus konnte man ins Tal hinunterblicken, auf den Fluss, der nach einigen Windungen im Wald verschwand. Auf der gegenüberliegenden Seite führte eine steile Rinderweide auf eine Hochebene. Mitten auf der Hochebene stand ein einzelner Baum. Westlich davon ragten hinter dichten Tannenwäldern die Sieben Hengste auf, ein mächtiges Bergmassiv aus sieben nebeneinander stehenden, schräg zur Seite abfallenden Felsen. Eliza fand, dass sie aussahen wie sieben graue glatte Köpfe ohne Gesicht. Doch wenn abends die untergehende Sonne das Bergmassiv erreichte und ihr rötliches Licht auf die Felsen fiel, bildeten sich plötzlich Schatten und farbige Konturen. Das Licht schnitt in jeden Felsen das Profil eines Pferdekopfes. Zusammen bildeten die Felsen eine Gruppe galoppierender Pferde. Wenn der Abend klar war, dann schienen sie näher zu kommen und ins Tal zu reiten. »Sie sind wieder auf der Flucht«, sagte Augusta dann. Sobald die Sonne hinter den Sieben Hengsten versunken war, erloschen mit einem Schlag alle Farben, verschwanden die Schatten, und die Felsen fielen wieder in ihre graue glatte Starre zurück. Für kurze Zeit konnte man noch ihre Silhouette erkennen, dann versank auch diese im Dunkel.

Tagsüber half Eliza im Garten, den Großmutter vor dem Speicher angelegt hatte. Augusta hatte Tomaten, Bohnen und Salat gepflanzt, und ihre Hände tauchten in die Erde, als wären sie ein Teil davon. Eliza jätete das Unkraut, suchte nach den Nacktschnecken im Salatbeet und bespritzte sie mit Bier. In einer Mischung aus Erstaunen und Abscheu sah sie zu, wie sich die braunen Schnecken unter dem Bier augenblicklich auflösten, zerschmolzen, als bestünden sie aus nichts als dem bisschen Flüssigkeit, das sie zurückließen. Bevor Eliza das Bier auf sie goss, beugte sie sich nieder und verfolgte aufmerksam, wie die Schnecken mühsam auf den Salat zukrochen. Jedem Opfer gab sie, bevor sie es tötete, einen eigenen Namen: »Das ist dumm von dir, Jimmy«, sagte sie oder: »Es tut mir Leid, Frank, aber hier ist dein Weg zu Ende.« Dann richtete sie sich auf und schüttete das Bier in einem geraden harten Strahl auf die Schnecke. Wenn die Flasche leer war, setzte sie sich auf einen Stein und blickte erschöpft auf ihr Werk.

Am liebsten aber sammelte sie die Kerne von den

Sonnenblumen. Wenn sie am Ende des Tages eine ganze Schüssel davon zusammengetragen hatte, überreichte sie sie Großmutter wie ein Geschenk. »Warum heißen die Sonnenblumen eigentlich Sonnenblumen?«, hatte sie Augusta einmal gefragt.

»Weil sie so schön gelb sind wie die Sonne.«

»Aber die Sonne kommt nicht aus einem Stängel, der in der Erde steckt«, erwiderte Eliza, und Großmutter hatte so gelacht, dass ihre vom Tabak braun gewordenen Zähne hervorkamen.

»Die Sonne ist ein Feuer, ein unlöschbares Feuer«, erklärte sie, »und die Sonnenblumen sind kleinere vom Himmel zur Erde gestürzte Sonnen. Auf ihrer langen Reise haben sie sich abgekühlt und versuchen jetzt, mit ihren Wurzelarmen die Wärme aus dem Innern der Erde zu holen.«

Einmal in der Woche packte Großmutter den Rucksack und weckte Eliza früher als sonst. Die Morgenluft war kühl, wenn sie aus dem Haus traten. Eliza rannte vor dem Speicher den Hang hinunter, durch das hohe, noch taufeuchte Gras, das ihre nackten Beine kitzelte. Unten an der alten Holzbrücke, die über den Fluss führte, wartete sie auf Augusta, die langsam in ihren wehenden Röcken die Straße herunterkam. Auf der anderen Seite des Flusses verließen sie die Straße, stiegen die steile Rinderweide hoch, und jedes Mal, wenn sie einen Blick zurückwarfen, war der Speicher ein bisschen kleiner geworden. Unterwegs zupfte Eliza Klee aus und trank den kleinen glitzernden Tropfen darin. Großmutter kaute auf einem Stängel Sauerampfer. Manchmal begegneten ihnen auf dem Weg scheue Tiere, eine Gämse oder ein Reh, die für ein paar Sekunden wie festgefroren mit panisch aufgerissenen Augen stehen blieben, bevor sie ruckartig, mit einem schnellen Haken fortrannten. Auf dem Kammrücken rasteten sie beim Ahorn, dem einzigen Baum auf der Hochebene. Der alte, vom Blitz gespaltene Baum war Augustas Lieblingsplatz. Vor Jahren hatte ein Blitz ein Loch in den Stamm gebrannt und das Feuer ihn fast ausgehöhlt. Eliza konnte durch die schwarzverkohlte Öffnung wie in eine Höhle hineinkriechen. Drinnen roch es nach feuchtem Holz, und Ameisen stürmten aus dem Innern des Stammes. Neben dem Baum bauten sie an einem Hügel aus Asche, Rinde und Harzsplittern. Großmutter setzte sich in den schmalen Schatten auf eine Wurzel und stopfte ihre Pfeife. Von hier aus war der Fluss in der Talsohle nur noch ein dünner graugrüner Streifen, und der Speicher stand abgesondert vom Dorf wie ein Fremdling allein auf seiner Anhöhe.

Am Tag, an dem das Unwetter hereinbrach, bedeckten Schleierwolken den Himmel, weiße Flächen, durch die das Blau schimmerte. Der warme Wind griff wie eine streichelnde Hand in Elizas langes dunkles Haar. Hinter sich Augustas Lachen, sprang sie von Klee zu Klee, beugte sich über jede Blume und sog den Duft ein, bis ihr schwindlig wurde. Kaum hatten sie die Ebene erreicht, kam der Regen, schlagartig, in nussgroßen Tropfen. Eliza rannte auf den Ahorn zu, der ihr den einzigen noch lebenden Ast wie einen Arm entgegenstreckte. Die schwächlichen Blätter daran bewegten sich wie nervöse Finger im Wind. Der Donner schien von allen Seiten gleichzeitig zu kommen, und es klang, als wäre etwas Hartes in der Luft, das in Stücke brach. Eliza kroch in die Baumhöhle, Großmutter hielt, um sich vor dem Regen zu schützen, den Rucksack über den Kopf. Von der Schnelligkeit und Heftigkeit des Gewitters überfallen, zog Eliza die Beine an, legte den Kopf seitlich auf die Knie und sah zu, wie draußen die schweren Tropfen Blumen und Gräser niedertrampelten. Eben war sie noch ein Teil davon gewesen, jetzt war sie eingesperrt im Ahorn. »Der Regen ist ein Mörder«, sagte Eliza zur Großmutter, die dasaß, in ihren nassen Röcken, und als der Regen nicht aufhören wollte und von den Sieben Hengsten dichte Nebelschwaden wie ein langsam sich aufrollender Teppich in Richtung Tal zogen, beschlossen sie, nicht länger zu warten und zum Speicher zurückzukehren.

Am nächsten Tag lag Augusta hustend im Bett, und Eliza rannte durchs Haus und kochte Tee. Großmutter schrieb ihr eine Einkaufsliste; es war das erste Mal, dass Eliza allein ins Dorf ging. Der Regen hatte nicht aufgehört, das Wasser strömte die Straße hinunter, und Eliza ging in der Mitte in ihren Gummistiefeln, lauschte dem Quietschen unter ihren Füßen und fühlte, wie die Nässe ihre Kleider schwerer machte.

Im Dorf gab es nur einen einzigen Laden, mit dunklen Holzregalen, die bis zur Decke reichten, voll gestopft mit Nahrungsmitteln. Im schmalen Gang zwischen den Regalen drängten sich immer mehrere Leute, die Ellbogen in die Seite gestemmt. Hinter der Theke stand die dicke Verkäuferin, und Eliza hatte sie noch nie schweigen gesehen. Immer war sie in ein angeregtes Gespräch mit ihrem Gegenüber verwickelt, an dem schließlich alle, die sich im Laden befanden, teilnahmen. Einige verließen nach einer Weile das Geschäft mit ihren Einkäufen, neue stießen hinzu, und das Gespräch dauerte so lange, wie der Laden geöffnet war. Die Verkäuferin hütete das Gespräch, wie man ein Feuer hütet, das nicht ausgehen darf. Sie fuchtelte dabei mit ihren kleinen rötlichen Händen und wackelte mit dem Kopf, so dass ihre Brille immer weiter auf der Nase vorrückte und Eliza darauf wartete, sie hinunterfallen zu sehen. Als sie jetzt in den Laden trat, bahnte sie sich gleich zwischen den Leuten einen Weg zur Theke und gab der Verkäuferin die Einkaufsliste.

»Ist *das* nicht das Mädchen, das seit ein paar Wochen da unten bei der Alten im Speicher wohnt?«, fragte jemand, und plötzlich richteten sich alle Augen auf Eliza. Die, die hinter den Regalen standen, drängten sich nach vorne, reckten ihre Hälse und blickten neugierig auf das Kind hinunter. »Das arme Mädchen«, sagte eine Frau empört, »man sollte es in ein Heim bringen, die Alte ist doch verrückt.« Die anderen pflichteten ihr bei, nickten eifrig. »Wie sie immer mit dieser komischen Pfeife im Mund herumläuft, man weiß ja gar nicht, was sie den ganzen Tag eigentlich so macht.« – »Nachdenken wahrscheinlich«, kam die erste Stimme hinter dem Regal hervor. Darauf war es einen Moment lang still. Die Bemerkung war in die Runde gefallen gleich einer in Bewegung gesetzten Lawine, die rücksichtslos wachsend ins Tal rollt. Allmählich veränderte sich der Ausdruck in den Gesichtern, die Münder zogen sich in die Länge, und plötzlich brach in dem Laden ein brüllendes, lang anhaltendes Gelächter aus. Das Lachen schüttelte den Körper der Verkäuferin, sie hielt sich an der Theke fest, als würde sie geschubst. Jedes Mal, wenn sie Luft holen mussten und sich das Gelächter endlich zu beruhigen schien, wiederholte jemand schreiend: »Sie denkt nach!« Woraufhin alle wieder losprusteten, sich auf die Schenkel klopften und sich krümmten wie unter Schmerzen. Es war ein spöttisches Lachen voller Wut, und Eliza hörte es noch lange, nachdem sie die Straße zum Speicher zurückgerannt war und die Tür hinter sich zugeschlossen hatte.

Zwei Wochen lang konnte Augusta nicht aufstehen. Auf dem Holz des kleinen Nachttischs hatten die Suppenschalen und Teetassen unzählige sich überlagernde Kreise hinterlassen, Flüssigkeit war übergeschwappt, wenn Großmutter sie mit zitternder Hand zurückgestellt hatte. Die Krankheit hatte an ihrem Körper gezehrt, und als sie wieder aufstehen konnte, hingen die Röcke wie schlaffe Segel an ihr herunter.

Von nun an blieb der Rucksack im Schrank. Am liebsten saß Großmutter jetzt draußen in ihrem Sessel, den ihr Eliza jeden Morgen auf die Veranda hinaustrug, und schaute auf die Sieben Hengste. Sie wartete auf den Abend, den Augenblick, der die Felsen im rötlichen Licht der untergehenden Sonne in galoppierende Pferde verwandelte. Manchmal tauchten die Felsen in ein derart tiefes Rot, dass es aussah, als galoppierten sie im Zorn, und Eliza konnte beobachten, wie Großmutter lächelnd den Mund bewegte, ohne etwas zu sagen. Eliza schlich dann durchs Haus, als könnte jedes noch so kleine Geräusch Großmutter stören.

Die Tage waren heiß, Großmutters Bewegungen wurden noch langsamer, und Eliza hatte fast die ganze Gartenarbeit alleine zu tun. Während Großmutter immer engere Kreise um das Haus zog, dehnte Eliza ihre Streifzüge aus. Sie ging zum Fluss hinunter, suchte nach Steinen, Insekten und Blumen. Sie ging jetzt auch alleine den weiten Weg zum Ahorn, und jedes Mal, wenn sie die Hochebene erreichte, streckte ihr der Baum seinen Ast wie einen Arm entgegen. Sie lehnte sich an den Baumstamm, fühlte die raue Rinde im Rücken und blickte mit Großmutters Feldstecher ins Tal. Sie suchte den Speicher und konnte Großmutter erkennen, eine winzige Gestalt, die, ihre Meerschaumpfeife im Mund, im Sessel auf der Veranda saß. Einmal hob sie die Hand, und Eliza glaubte, sie winke ihr zu. Eliza musste lachen, sie konnte Großmutter mit dem Fernglas zu sich heranholen und sie beliebig größer und kleiner machen. Sie hielt den Feldstecher schräg, der Speicher mit Großmutter und die ganze Landschaft kippten zur Seite. Der Feldstecher war die Verlängerung ihrer Augen, und es war ihr, als sei die gesamte Umgebung biegbar. Wenn sie mit einer schnellen Kopfbewegung die Richtung wechselte, verschwamm die Landschaft vor dem Glas des Feldstechers; der Speicher, die Sieben Hengste, Bäume lösten sich auf, als bestünde alles nur aus unzähligen winzigen Farbteilchen, die sich miteinander mischten.

Abends holte Großmutter das große Tritonshorn vom Tisch und stellte sich an die Brüstung der Laube. Sie umfasste die Muschel mit beiden Händen und blies in die zu einem Mundstück abgeschliffene Spitze wie in eine Trompete. Der tiefe durchdringende Ruf war im ganzen Tal bis zum Ahorn hinauf zu hören. Es war für Eliza das Zeichen, dass es an der Zeit war, nach Hause zurückzukehren. Großvater hatte die Muschel vor langen Jahren einmal von einer Reise in die Südsee mitgebracht, und Augusta erzählte, die Inselbewohner dort hätten das Muschelhorn als Instrument benützt, um sich über weite Strecken hinweg zu verständigen. Eliza nahm das weiße Horn gern in die Hand. Sie wunderte sich über die spröde Gehäuseoberfläche, die spiralförmigen Rillen und das gleichzeitig völlig glatte Perlmutt im Innern, das, je nachdem wie das Licht darauf fiel, rosa oder bläulich schimmerte. Sie hielt die Öffnung der Muschel ans Ohr und hörte ihr eigenes Blut rauschen. Aber es klang nicht wie etwas, das in ihr war und zu ihr gehörte, sondern sehr weit entfernt, wie etwas, das in der Zukunft lag und in ihr den Wunsch weckte, dort hinzukommen.

Eliza glaubte, dass alle Dinge bewohnt seien von etwas Lebendigem. Steine, ein Erdklumpen, ja selbst die Luft schien ihr ein Wesen zu sein, das mit anderen in Verbindung stand, und sie dachte daran, wenn sie alleine auf einem Felsen am Fluss lag oder auf der Wiese, das Gesicht im Gras.

Mit der Dämmerung schlug der Ruf des Muschelhorns eine Brücke in ihr Alleinsein und holte sie zu Großmutter in den Speicher zurück. Anfangs war Eliza erleichtert gewesen, wenn sie das Signal vernahm, doch immer öfter unterbrach es ihre Streifzüge, hallte der tiefe unüberhörbare Ton durchs Tal wie ein Seil, das Großmutter auswarf, um sie einzufangen. Es schien ihr, als würde der Ruf von Abend zu Abend lauter und eindringlicher, als wüsste Großmutter, dass sie vor ihm flüchtete.

Jeden Morgen bei Tagesanbruch fuhr ein kleiner gelber Bus von Hof zu Hof und sammelte die Kinder der Gegend ein. Der Bus hielt jetzt auch vor dem Speicher, und es gab immer ein Geschrei und eine Keilerei um die Fensterplätze. Je mehr Kinder einstiegen, umso heftiger schwankte der *Bus* durch die stille Landschaft, und der Fahrer rief vergeblich zur Ordnung auf. Wenn der Bus das Schulgebäude schließlich erreicht hatte, lagen alle aufeinander einschlagend kreuz und quer über den Sitzen. Das Mädchen, das mit Eliza die Schulbank teilte, hatte am zweiten Schultag ihr Lineal in die Mitte des Tisches gelegt. »Hier ist die Grenze«, sagte sie. »Übertrete sie nie. Alle wissen, dass deine Großmutter spinnt!«

Dann hatte sie sich abgewandt und nicht wieder in Elizas Richtung geblickt.

Eliza konnte beobachten, wie sich unter den Schülern Freundschaften bildeten. Es entschied sich in den ersten Wochen, wer zu welcher Gruppe gehörte, und wer alleine blieb, der blieb es gewöhnlich für immer. Jene, die alleine blieben, gingen in den Pausen nicht wie die anderen nach draußen auf den Hof, sondern schlichen in den Gängen des Schulgebäudes herum und warteten auf das Klingelzeichen, um wieder in die Klassenzimmer zurückkehren zu können. Die beiden Söhne des Hausmeisters machten sich einen Spaß daraus, in der Pause ins Gebäude zu kommen, den ersten, der ihnen über den Weg lief, abzufangen, nach draußen über den Hof hinter ein Gebüsch zu schleppen und ihn dort in aller Ruhe zu verprügeln. Irgendwann kamen sie auf die Idee, von ihren Opfern das Taschengeld zu verlangen und sie dafür einen Monat in Frieden zu lassen. Am ersten Tag jeden Monats stellten sich die Brüder wie Fänger links und rechts am Eingang des Schulhauses auf und streckten den Schülern, die zu zahlen hatten, auffordernd die Hand hin. Ihr Vater, der Hauswart, verteilte im Untergeschoss des Schulgebäudes jeden Morgen die Milchtüten. Er trug einen blauen Arbeitskittel, wie ihn Mechaniker in Garagen oder auf Tankstellen tragen. Jedes Kind, das vor ihn hintrat, duckte sich unter seinen kleinen durchdringen-

22

den Augen, nahm schnell die Milch entgegen und eilte davon. Keiner zweifelte an dem Gerücht, der Hausmeister habe einmal einem Schüler ein Ohrläppchen abgerissen.

Eliza ging den Brüdern aus dem Weg. Sie hütete sich, irgendjemandem ins Gesicht zu blicken, und schloss sich in den Pausen regelmäßig auf der Toilette ein. Sie sprach mit niemandem, und solange sie sich auf dem Schulareal aufhielt, stellte sie sich vor, durchsichtig zu sein, körperlos wie Luft.

Der Winter kam früh, folgte beinahe ohne Übergang auf den langen Sommer, und die Temperaturen stürzten ungewöhnlich rasch in die Tiefe. Die Erde kühlte ab, der Schnee fiel und begrub die Dächer der Häuser, legte sich über die Geräusche, und im Dorf wurde es noch stiller als sonst. Eliza schaufelte den Schnee vor dem Speicher weg, während Großmutter in Decken gehüllt neben dem Ofen am Fenster saß und zu den Sieben Hengsten blickte. Nur manchmal stand sie auf, um die Eisblumen vom Fenster wegzukratzen, die ihr die Sicht versperrten. Abends begann sie Lieder zu singen, die aus einer längst vergangenen Zeit zu kommen schienen, und Eliza lernte sie rasch, sang mit, und so hörte man Augustas tiefe und Elizas helle Stimme manchmal noch spät in der Nacht aus dem Speicher klingen.

Als der Schulbus nicht mehr durch den Schnee

kam und der Unterricht für Tage ausfiel, legte sich Eliza bäuchlings auf den Boden und zeichnete das Muschelhorn, das für Monate stumm auf dem Tisch lag. Eliza hatte es aufgegeben, den Weg vor dem Speicher freizuschaufeln. Wie ein Fremdkörper hatte sie eines Morgens draußen in der Kälte gestanden und vergeblich versucht, die Schaufel in den harten Schnee zu stoßen.

»Der Winter will keinen Menschen sehen«, hatte Großmutter gesagt, als Eliza enttäuscht mit der Schaufel zurückkam. Nachts hörte Eliza das dumpfe Rauschen des Flusses, ein Rauschen, das weit weg war, als ob der Schnee draußen die Distanzen vergrößerte, während im Speicher alles kleiner wurde. Großmutter legte sich mit den Röcken ins Bett, und Eliza lag, ohne sich zu rühren, unter der Decke, damit es dort, wo ihr Körper war, warm wurde.

Es war einer der ersten sonnigen Tage im Jahr, als eine Lehrerin, die zufällig nach dem Unterricht noch im Haus war, beobachtete, dass die Söhne des Hauswarts hinter dem Schulgebäude mit dem Fahrrad über neu geborene Katzen hinwegfuhren und die Kadaver, lachend wie Sieger, in hohem Bogen in ein Gebüsch warfen. Sie wurden zur Rede gestellt, und der Hauswart gab ihnen zwei Wochen Hausarrest. Alle im Schulhaus wussten davon, und die Schüler, denen seit Monaten das Taschengeld abgenommen wurde, freuten sich lauthals über die Strafe. Nach den zwei Wochen erhöhten die Brüder den Preis ihres Schutzgeldes, wie sie es nannten, und ließen jetzt zusätzlich ihre Hausarbeiten erledigen.

Die Sonne stand im Zenit, als Eliza aus dem Schulgebäude trat und beschloss, nicht mit den anderen im Bus nach Hause zu fahren. Sie zog die Schuhe aus und ging neben der Straße auf der Wiese. Der Boden unter ihren bloßen Füßen atmete noch die Winterkühle aus. Die ersten Krokusse stachen gelb und violett aus dem feuchten Gras. Die Erde war weich vom geschmolzenen Schnee, und Eliza erinnerte sich, wie hart und staubig die Erde am Ende des letzten Sommers gewesen war. Im Dorf war schon kein Mensch mehr auf der Straße, alle saßen in ihren Häusern beim Mittagessen, aus halb geöffneten Fenstern konnte sie ihre Stimmen hören und das Geklapper von Geschirr. Als sie beim Lebensmittelgeschäft angekommen war und in die abschüssige Straße zum Speicher abbog, sah sie den Postboten ihr entgegenkommen. Eliza wunderte sich, normalerweise hatte er um diese Zeit die Post längst gebracht. Der Postbote schwankte wie ein Betrunkener, die lederne Posttasche, die über seiner Schulter hing, schlug ihm bei jedem Schritt an das Knie, doch sobald er Eliza erkannte, richtete er sich auf und steuerte direkt auf sie zu. Eliza versuchte, ihm auszuweichen, aber er stellte sich so vor sie hin, dass sie stehen bleiben musste. Abwechselnd blickte er auf ihre nackten Füße und die Sandalen, die sie in der Hand hielt, als hindere ihn etwas, ihr ins Gesicht zu sehen.

»Zieh deine Schuhe an«, sagte er, »und geh schnell nach Hause.«

Der Krankenwagen, der vor dem Speicher stand, glänzte weiß in der Sonne. Ein Sanitäter fragte Eliza, ob sie hier wohne. Er beugte sich zu ihr hinunter, umfasste mit beiden Händen ihre Schultern und erklärte mit langsamer ruhiger Stimme, dass die Großmutter die Außentreppe hinuntergehen wollte und dabei vermutlich über ihre eigenen Röcke gestolpert sei. Sie habe sich beim Sturz das Genick gebrochen. Der Postbote hatte sie tot vor der Treppe liegend aufgefunden. Auf der untersten Treppenstufe lag die zerbrochene Meerschaumpfeife, Hunderte von weißen Splittern.

II

Das Haus der Rosenbergs stand auf einer gut sichtbaren Erhebung am Rande der Stadt, die man den Goldhügel nannte. In seiner Mitte ragte ein Kirchturm auf. Von Zeit zu Zeit erschienen sonntags vor der Kirche frisch verheiratete Paare, die durch einen Regen aus Reiskörnern und Blütenblättern die alten steinernen Stufen hinabstiegen, bevor die Hochzeitsgesellschaft in einer Kolonne von hupenden Wagen, geschmückt mit flatternden weißen Seidenbändern den Hügel hinunterfuhr. Im Sommer, wenn die Hitze die Bewohner unten in der Stadt niederdrückte, sie kleiner machte, als zwänge die Sonne sie in die Knie, wenn in den Untergrundbahnen die Notbremsen gezogen wurden, weil empfindliche Menschen in der schlechten Luft umkippten, ging oben auf dem Hügel immer ein leichter Wind, warfen die Kastanien kühlende Schatten. Abends roch es nach gegrilltem Fleisch, und hinter den Oleanderhecken und Rosenbüschen, die die Häuser voneinander trennten, hörte man bis in den frühen Morgen hinein das Lachen vergnügter Menschen.

Die Rosenbergs waren gleich nach der Heirat in das Haus auf dem Goldhügel gezogen. Herr Rosenberg, dessen Eltern früh und reich gestorben waren, hatten ihm durch die Erbschaft ein ausgiebiges Studium ermöglicht. Während in den Semesterferien die anderen Studenten kellnerten oder in Supermärkten die Regale auffüllten, um sich ein Zubrot zu verdienen, betrachtete Herr Rosenberg aus dem Flugzeugfenster die unter ihm langsam vorbeiziehenden Landschaften und landete auf den Flughäfen großer Städte. Seine Lebensweise, eine gewisse provozierende Ausgeruhtheit der Gesichtszüge und die Gemächlichkeit seines Gangs, trugen ihm bei seinen Studienkollegen Bewunderung und ein nicht geringes Maß an Neid ein. Trotzdem waren die regelmäßigen, in seinem Appartement veranstalteten Partys der eigentliche Höhepunkt in ihrem Freizeitleben, und wer eine Einladung bekam, fühlte sich einer auserlesenen Gemeinschaft zugehörig. An solchen Abenden fuhr der Lift, der zu Rosenbergs Appartement führte, ununterbrochen rauf und runter, in Gruppen strömten die Gäste in seine Wohnung, begutachteten augenzwinkernd und sich komplizenhaft in die Seite stoßend die teure und verwirrend wirkende Einrichtung aus Antiquitäten und Chromstahlmöbeln. Sie lehnten sich, langstielige Gläser balancierend, an die Brüstung des Balkons, blickten über die Dächer der Stadt und schütteten, wenn sie selbst genug getrunken hatten, den Champagner aus dem zwölften Stock auf die Passanten hinunter. Mike Rosenberg selbst bewegte sich unauffällig zwischen seinen Gästen, lauschte den Stimmen, die für einige Stunden die sonst stillen Räume füllten; Stimmen, die noch tagelang in seiner Wohnung nachzuhallen schienen und ihm das angenehme Gefühl gaben, in Gesellschaft von Menschen zu sein, die nur gerade unsichtbar geworden waren. Irgendwann fing er an, nach den Einladungen Gegenstände zu vermissen; eine Flasche Cognac, einen Aschenbecher aus Porzellan, einmal hatte sogar jemand ein Paar seiner besten Schuhe aus Rossleder aus der Garderobe mitgenommen. Enttäuscht hatte sich Mike Rosenberg daraufhin zurückgezogen und sich ausschließlich seinen Reisen und seinem Studium gewidmet. Er empfing jetzt niemanden mehr in seinem Appartement. Da er die Stille nicht ertragen konnte, ließ er, wenn er nachts an seinem Buch über die Sprachentwicklung des Kindes schrieb, den Fernseher im Wohnzimmer und gleichzeitig das Radio in der Küche in voller Lautstärke laufen. Er platzierte den Arbeitstisch dort, wo die Klangfrequenz am höchsten war und ihn das Gewirr von Stimmen umhüllte.

Maria hatte halblanges blondes Haar, spitze Knie und ein ausdauerndes kraftvolles Lachen. Ihr Lachen hatte nichts gemeinsam mit dem neurotischen Kichern, Glucksen und plötzlichen Losprusten, das er in der Kantine und auf den Fluren der Universität gehört hatte. Als Rosenberg Maria zum vierten Mal zum Essen ausführte, versenkte er eine Perle in ihrem Weinglas. Sie heirateten an einem Tag im September, als die Sonne noch warm war und die Bäume gerade anfingen, ihre Blätter fallen zu lassen. Im gleichen Jahr promovierte Rosenberg, und sein Buch, das in Fachkreisen hoch geschätzt wurde, erhielt mehrere Preise.

Im Erdgeschoss seines Hauses richtete er sich eine Praxis als Logopäde ein und empfing seine Patienten in einem ruhigen, zum Garten gelegenen Zimmer. Die Zahl seiner Patienten stieg mit jedem Tag an, und wenn er einmal zwischen zwei Terminen eine halbe Stunde Zeit fand, sprang er aus dem Arbeitszimmer und stammelte, absichtlich wie ein Sprachbehinderter, Marias Namen. Es klang so idiotisch, dass Maria jedes Mal in schallendes Gelächter ausbrach, und Herr Rosenberg ging witternd durchs Haus, ihrem vergnügten Lachen nach, und liebte sie auf der Stelle, gerade dort, wo er sie vorfand.

An den Wochenenden folgten Herr und Frau Rosenberg den Einladungen ihrer Nachbarn, die Ärzte oder Kunsthändler waren, und nach den ersten Monaten hatten sie die gesamte Nachbarschaft auf dem Hügel, die gerne trank und eine Gesellschaft um sich versammelte, kennen gelernt. Maria bewunderte vor allem die Frauen der erfolgreichen Männer, die eine Boutique oder eine eigene kleine Galerie besaßen. Sie hatten etwas, das allein ihnen zu gehören schien und nichts mit ihren Ehemännern zu tun hatte. Neben ihnen kam sich Maria einfach und langweilig vor. Immer, wenn sie von einem dieser Cocktailabende nach Hause kamen, stützte sich Herr Rosenberg auf Maria ab, weil er keinen Alkohol vertrug und schon nach wenigen Gläsern völlig betrunken war. Anfangs kicherte sie noch darüber, wenn sie ihm umständlich helfen musste, die Treppe zum Schlafzimmer hochzukommen. Später half sie ihm schweigend. Das waren die Nächte, in denen sie wach neben ihrem tief schlafenden Mann lag.

Als Kind hatte Maria es geliebt, die Kleider ihrer Mutter aus dem Schrank zu holen und sich zu verkleiden. Wenn sie Besuch hatten, steckte sie ihre Kinderfüße in Mutters Stöckelschuhe und stolperte darin, zum Vergnügen der Gäste, durch die Wohnung. Sie wickelte sich in die Stoffe ein, die zu Zelten und Höhlen wurden. Maria erinnerte sich, wie sie eines Sonntagmorgens nach einem Fest ins Wohnzimmer kam. Die Eltern schliefen noch, und

Mutters Abendkleid lag wie eine tote abgestreifte Haut mitten auf dem Boden. Sie hatte das Kleid angezogen, war umhüllt vom Geruch des Parfums und Mutters salziger Haut und stolzierte, den feinen Stoff wie eine Schleppe am Boden entlangschleifend, in der Vorstellung, nicht mehr sie selbst, sondern ihre Mutter zu sein, durch die Wohnung.

Das waren die Erinnerungen, die in den schlaflosen Nächten in Marias Gedanken wie ein immer wiederkehrender Film abliefen, und je öfter sie daran dachte, umso überzeugter wurde sie von ihrem Vorhaben. Eines Morgens eröffnete sie ihrem Mann beim Frühstück, dass sie Kleider entwerfen und bis zum Frühjahr eine eigene kleine Kollektion vorlegen wolle. Herr Rosenberg blickte sie einen Moment fragend an, klopfte ihr dann aufmunternd auf die Schulter und ließ noch in derselben Woche den leer stehenden Dachboden für ihre Zwecke ausbauen.

Maria saß an dem Glastisch, das Skizzenpapier vor sich und fühlte den großen leeren Raum im Rücken. Sie erhob sich, ging auf dem Dachboden hin und her, unter ihren Füßen knarrte der Holzboden. Das Licht fiel schräg durch das Dachfenster, und Marias Blick blieb auf dem kleinen hellen Rechteck aus Licht am Boden haften. Nach zwei Tagen hatte Maria noch immer keinen Strich gezeichnet. Sie verschob den Tisch in die Mitte, doch jetzt fühlte sie sich ausgestellt, von der Leere des Raumes regelrecht umzingelt. Schließlich schob sie den Tisch wieder an die Wand zurück und stellte sich vor, an den Stuhl gefesselt zu sein und nicht mehr aufstehen zu können. Der Stift fuhr über das Papier, unsicher erst und krakelig. Nach wenigen Stunden lagen in einem Halbkreis um ihren Stuhl Dutzende zu kleinen Kugeln zerknüllte Blätter. Wenn ihr ein Entwurf gelang und sie die einzelnen Stoffteile am Boden auslegte, war es jedes Mal ein kleiner Sieg. Bevor sie die Einzelteile zu einem Ganzen zusammenfügte, blickte sie auf den zurechtgeschnittenen Stoff, der wie der Schatten eines Körpers auf dem Boden lag. Dann setzte sie sich an die Nähmaschine und stellte sich den Körper vor, der diesen Stoff einmal bewegen und in ihn hineinatmen würde, da, wo jetzt noch ihre Hände waren und die Nähmaschine mit schnellen ratternden Nadelstichen die Stoffteile zusammenführte.

Maria ließ Scheren, Nadeln und Stofffetzen auf Tisch und Boden herumliegen, und die Anwesenheit dieser Gegenstände machte den Raum um sie herum kleiner. Sie bewegte sich jetzt sicherer und ruhiger, und wenn sie einen Stoffballen auf dem Dachboden ausrollte, war es, als legte sie einen Teppich aus nur für sich selbst.

Hin und wieder fragte Herr Rosenberg in einer Mischung aus echter Neugier und uneingestandenem

Spott, ob sie mit ihrer Arbeit gut vorankomme. Bei den Cocktailempfängen auf dem Goldhügel sprach es sich schnell herum, dass Maria Rosenberg an einer Kollektion arbeite. Dem Gerücht folgten bald die Nachbarinnen, die mit eigenen Zeichnungen zu ihr kamen und sich von ihr die Kleider maßschneidern lassen wollten. Die Frauen blieben meistens länger und saßen mit Maria, Gläser mit bunten Flüssigkeiten in der Hand, im Wohnzimmer herum. Vor der Haustür kreuzten sich die Patienten von Herrn Rosenberg und die Kundinnen von Maria Rosenberg. Herr Rosenberg beobachtete die plötzliche Betriebsamkeit in seinem Haus mit wachsendem Misstrauen. Einmal bei Freunden erwähnte er ihre Tätigkeit, und es klang, als verzeihe er ihr großzügig eine Marotte, die er nicht ganz ernst nehmen konnte. Die Freunde lächelten ihm dann bestätigend zu, als hätte er sie eben über einen seiner Vorzüge aufgeklärt. Maria, die daneben saß, kam dann der leere Raum in den Sinn, den sie tagelang im Rücken gehabt hatte, und es ärgerte sie, ihren Mann so leichtfertig und abschätzig über etwas sprechen zu hören, von dem er gar nichts wissen konnte, und sie wunderte sich, dass die Freunde seine Worte einfach hinnahmen, ohne auch nur einen Augenblick an ihnen zu zweifeln.

Im dritten Jahr ihrer Ehe wurde Maria schwanger. Es beruhigte Herrn Rosenberg, zu sehen, wie Marias nervöser Körper allmählich schwerer und träger wurde. Als der Junge zur Welt kam, war Maria berauscht vor Zuneigung für das winzige schutzlose Wesen. Sie fütterte und umsorgte es maßlos, ihre gesamte Energie strömte in das Kind, das ihre Liebe in sich aufnahm, ohne jemals davon satt zu sein.

An den Wochenenden blieben sie jetzt zu Hause. Herr Rosenberg trank weniger und fing stattdessen an zu essen. Er aß zusätzlich Marias Portionen, die damit beschäftigt war, intensiv das Kind zu füttern, und dabei ihren eigenen Hunger vergaß. Als sie den zweiten Geburtstag ihres Sohnes George feierten, hatte Maria acht Kilo abgenommen und klagte über Erschöpfung und chronische Müdigkeit. Herr Rosenberg beschloss, zu ihrer Entlastung ein Kindermädchen kommen zu lassen. Julia, eine siebenunddreißigjährige Frau mit dichten dunklen Haaren, bezog ein Zimmer im Erdgeschoss, gleich neben der Küche. Julia war professionell. Sie hatte flinke kleine Augen, und ihre Zärtlichkeit fiel dosiert auf das Kind ab, wie in sauber geschnittenen Stücken. Maria blickte nicht ohne Enttäuschung auf ihren Sohn, der still und zufrieden plötzlich in fremden Armen lag. Herr Rosenberg hielt sie an, sich nun endlich zu entspannen, Spaziergänge zu unternehmen oder wieder einmal in die Stadt zu fahren. Aber Maria streunte

wie ein ruheloses Tier durchs Haus und beobachtete aus der Ferne, wie das Kindermädchen seine
Arbeit tat.

Es war an einem Sonntag im Winter, als sie es sich
nach dem Essen im Wohnzimmer bei einem Glas
Wein gemütlich gemacht hatten. Es war noch früh
am Abend, und der Sohn gluckste vergnügt auf Julias wippenden Knien. Julia erkundigte sich, wie immer aufmerksam, nach Herrn Rosenbergs Arbeit.
Bereitwillig gab er Auskunft; dass er gerade an seinem zweiten Buch schreibe, einem weiteren wissen-
schaftlichen Standardwerk über die Sprachentwicklung des Kindes, und obwohl Julia kein Wort von
dem, was Herr Rosenberg erzählte, verstehen konnte, hörte sie interessiert zu und nickte von Zeit zu
Zeit mit dem Kopf. Maria saß ihnen gegenüber,
nippte an ihrem Glas Rotwein und blickte schweigend auf die Dreiergruppe, während draußen
Schnee fiel. Sie hätte gerne etwas gesagt, etwas Ge-
meines, Unangenehmes, aber sie schwieg und sah
zum Fenster, in dem sich die drei spiegelten. Sie
selbst saß zu weit außerhalb und war aus dem Bild
geschnitten, und als Maria das bemerkte, nickte sie
dem Fenster zu und den Personen darin, die, von
dem Glas verzerrt, seltsam verunstaltet wirkten.
Maria stand ruckartig auf und flüchtete, ohne sich zu
verabschieden, vor Mann, Sohn und Kindermäd-

chen auf den Dachboden. Dort arbeitete sie dann, zum ersten Mal seit zwei Jahren wieder, bis in den frühen Morgen.

In stillschweigender Übereinkunft übernahm Julia Sohn, Arbeit und Herrschaft im Haus, während Maria auf dem Dachboden blieb und nur noch zum Essen und Schlafen herunterstieg. Bereits ein Dreivierteljahr später wurde ihre Kollektion erfolgreich auf Modenschauen präsentiert. Sobald Maria genug eigenes Geld hatte, mietete sie ein Atelier im fünfzehnten Stock eines gläsernen Geschäftshauses in der Stadt, stellte eine Sekretärin, zwei Schneiderinnen und einen Assistenten an.

Der Dachboden blieb für Jahre leer, Spinnen begannen in den Ecken ihre Netze zu weben, der Glastisch verstaubte. Maria bekam mittlerweile Einladungen von Nachbarn, die Herr Rosenberg nicht einmal vom Namen her kannte, und es ergab sich, dass sie nun öfter getrennt ausgingen. Mitunter trafen sie sich zufällig mitten in der Nacht vor dem Haus, wenn Maria gerade aus dem Taxi stieg und Herr Rosenberg die Allee entlangtorkelte. Einmal fuhr sie im Taxi an ihm vorbei, sie konnte im Rückfenster des Wagens beobachten, wie er im Rausch langsam und schwerfällig einen Fuß vor den anderen setzte. Er erkannte sie, winkte und rief laut ihren Namen in die Dunkelheit. Als der Wagen vor dem Haus hielt, stieg Maria schnell aus und eilte hinein, als ob sie ihn gar nicht wahrgenommen hätte.

Der Sohn gedieh unter Julias geschickten Händen, und je älter er wurde, umso mehr verehrte er seine Mutter, die in wehenden Kleidern im Haus ein und aus ging wie ein Gast. Er fing an, sich vor den warmen, stets feuchten Händen des Kindermädchens zu ekeln. Wenn Mutter nach Hause kam, stürzte er auf sie zu, drückte seinen Körper an den ihren, der wie ein kostbarer Gegenstand in raffinierte Stoffe gehüllt war. Mit seinen Armen umschlang er ihre Beine, und wenn er hochblickte, sah er Mutters Hand, eine ferne helle Wolke, über ihm schweben. Er drückte seinen Kopf schnurrend, einer Katze gleich, an ihre Handfläche und ließ sich über das Haar streicheln. Vater und Julia standen indes im Wohnzimmer und lachten amüsiert über diesen heftigen Gefühlsausbruch des sonst eher stillen, in sich gekehrten Jungen.

Nur einmal war Julia über das Kind erschrocken. Sie hatte beobachten können, wie er in der Badewanne saß und versuchte, eine Gummiente zu versenken. Er drückte die Gummiente ins Wasser, aber immer wieder tauchte der gelbe Kopf der Ente an einem anderen Ort plötzlich auf und schwamm auf der Wasseroberfläche. Erst hatte Julia darüber schmunzeln müssen. Aber Georges Gesichtsausdruck wurde immer dunkler: »Warum bleibt sie nicht unten?«, hatte er verzweifelt geschrien und die Ente wieder ins Wasser zu drücken versucht. Schließlich schlug er tobsüchtig schreiend mit den Händen um sich, so dass Julia ihn aus der Badewanne ziehen musste. Sein kleiner Körper zitterte vor Enttäuschung und Wut in ihren Armen; er weinte noch lange, und Julia stopfte ihm Süßigkeiten in den Mund, um ihn zu beruhigen.

Als George das Schulalter erreichte und das Kindermädchen nicht mehr brauchte, machte Herr Rosenberg Julia den Vorschlag, weiterhin als Haushälterin und Köchin im Haus zu bleiben. Maria widmete sich inzwischen ganz ihrer Karriere, und Herr Rosenberg war froh, noch jemanden im Haus zu haben, der die Räume belebte und Geräusche machte. Bei seiner Entscheidung, Maria zu heiraten, war er davon ausgegangen, irgendwann von einer Schar spielender und lärmender Kinder umgeben zu sein. Maria war jetzt immer häufiger unterwegs und rief von Hotels aus an, um sich, wie sie sagte, nach dem Wohl ihres Sohnes zu erkundigen. Sie hatte sich bei ihrem Einzug weiße Vorhänge im Schlafzimmer gewünscht, die bis auf den Boden stießen. Wenn Herr Rosenberg alleine im Bett lag, machte er die Fenster weit auf, damit der Wind Marias Gardinen wie Fahnen ins Zimmer wehte. Er überlegte, dass sie bei einem Sturm in Fetzen gerissen werden würden. Mitten in der Nacht stand er auf und schrieb auf seiner alten, lauten Schreibmaschine gegen die Stille an.

Sein fünfzehnjähriger Sohn wich ihm aus; immer wenn er seinen Blick suchte, war es Herrn Rosenberg, als rutsche er über eine Eisfläche.

Einmal hatte er, als er nach Hause gekommen war, Georgs Schritte im oberen Stockwerk gehört, sie hatten unvermittelt innegehalten und waren erst die Treppe heruntergekommen, als er die Tür zu seinem Arbeitszimmer hinter sich geschlossen hatte.

War Maria zum Abendessen nicht zu Hause, nahm George seinen Teller und schloss sich damit in seinem Zimmer ein. Herr Rosenberg saß dann alleine mit Julia am Tisch, die geduldig nach seiner Arbeit und seinen Patienten fragte und hin und wieder mit dem Kopf nickte. Einmal fand sich Herr Rosenberg vor dem Zubettgehen an der geschlossenen Zimmertür seines Sohnes wieder, getrieben von dem Wunsch nach einer Aussprache. Aber es fiel ihm nichts Konkretes ein, über das er mit seinem Sohn hätte sprechen können. Hinter der Tür hörte er eine monotone schnelle Musik. Einen Moment lang suchte Herr Rosenberg verzweifelt nach einem Satz, den er sagen, eine Frage, die er hätte stellen können, aber ein Gefühl, als wäre es zu früh oder zu spät, hielt ihn schließlich davon ab, an die Tür zu klopfen.

In den Sommermonaten war der Goldhügel wie aus-
gestorben. Die meisten der Nachbarn fuhren zu
ihren Häusern ans Meer. Maria arbeitete an ihren
Entwürfen, Herr Rosenberg schrieb an seinem Buch,
und so blieben die Rosenbergs während der Som-
merferien auf dem Hügel. George fuhr jeden Morgen
mit dem Fahrrad unter den Schatten der Kastanien
die Wege ab. Dabei schaute er sich um, als suche er
etwas. »Das ist kein Goldhügel, das ist ein Geister-
hügel«, dachte er bei sich und grinste über seinen
Einfall, während er zu den Fenstern hochblickte, vor
denen die Rolläden heruntergelassen worden waren,
die keinen Blick ins Innere gewährten.

Vor der Kirche hielt er an, setzte sich auf die steinernen Stufen und zog das vom vielen Anschauen
abgegriffene Foto aus seiner Hemdtasche. Eine alte
Fotografie seiner Mutter. Sein Vater hatte es auf
ihrer Hochzeitsreise gemacht. Es zeigte Maria Rosenberg auf den Stufen eines Landhauses stehend,
zwischen den Säulen eines Portikus. Mit dem rech-
ten Arm stützte sie sich auf die Säule, sie stand der
Sonne zugewandt, den Blick geradeaus in die Ferne
gerichtet. Der Sohn stellte sich vor, dass sie in ein
weites gelbes Kornfeld blickte. Sie trug ein weißes
Kleid mit kurzen Ärmeln und einen Strohhut, der
die Partie um ihre Augen verdunkelte. Sie hielt den
Kopf aufrecht, man konnte ihre energisch hervortre-
tenden Halsmuskeln erkennen. Er kannte jeden

Schatten, jeden Faltenwurf ihres Kleides. An dem Tag, an dem die Fotografie gemacht worden war, musste ein heftiger Wind gegangen sein, denn das Kleid schmiegte sich eng um ihren Körper; unter dem Stoff zeichneten sich deutlich ihre Brüste und Oberschenkel ab. Der Sohn dachte an den warmen Wind und daran, wie er seinen Körper an den ihren drückte. Dann wanderte sein Blick reflexartig zu der dunklen Stelle in der unteren Ecke des Bildes. Es war der Schatten seines Vaters, der auf der anderen Seite stand und die Kamera hielt. Es war ein ärgerlicher, ein grober Fehler, und der Sohn hatte sich schon überlegt, wie er das Bild retuschieren und den störenden Fleck entfernen könnte. Immer wieder sah er in Gedanken sich anstelle des Vaters an der Seite dieser Frau auf der Hochzeitsreise. Er stellte sich vor, er würde sie an der Hand nehmen und mit ihr über das Kornfeld laufen. In der Mitte des Feldes würde er ihr den Strohhut abnehmen, ihn wie ein Frisbee hoch in die Luft werfen und sie küssen.

George saß auf den Stufen vor der Kirche, die Fotografie in der Hand, und weinte. Es wühlte ihn auf und war ihm unbegreiflich, dass diese Frau auf dem Bild, die so wirkte, als wolle sie nichts anderes, als von ihm abgeholt werden und mit ihm geradewegs über das Kornfeld rennen, bereits eine Sekunde, nachdem das Foto gemacht wurde, mit dem Schatten, der sein Vater war, fortgegangen war. Bestimmt war Vater nicht mit ihr über das Kornfeld gelaufen, wahrscheinlich hatte er das Feld gar nicht bemerkt, sondern, nachdem er geknipst hatte, eilig die Kamera eingepackt und war in den nächsten Bus gestiegen.

Die Hitze brannte auf George herunter, er sah Eidechsen über die Kirchenstufen flitzen, geräuschlos zwischen den Ritzen der Steine verschwinden. Er trocknete sein von Schweiß und Tränen nasses Gesicht am T-Shirt ab, schob die Fotografie in die Brusttasche seines Hemdes zurück und schwang sich aufs Rad. Im Haus war es still. Julia war zum Einkaufen in der Stadt, Vater in seinem Arbeitszimmer. An diesem Nachmittag strich George wie ein Fremdling durchs Haus, bildete sich ein, ein Außerirdischer zu sein, der nur zufällig hier in diesen Räumen gelandet war. Er sah sich alles verwundert an, öffnete mehrmals den Kühlschrank, ohne etwas rauszunehmen, drehte den Wasserhahn auf und zu. Als er die Tür zum Dachboden öffnete, schlug ihm der warme, mottige Geruch eines lange nicht mehr genutzten Raumes entgegen. Er hatte sich nie besonders für die Arbeit seiner Mutter interessiert, und es war jetzt das erste Mal, dass er den Raum unter dem Dach betrat. Die Sonnenstrahlen fielen nur noch schwach durch das schmutzige Dachfenster und bildeten auf dem Boden ein kaum sichtbares Rechteck aus Licht. Auf dem Glastisch hatte sich Staub gesammelt. Hier hatte sich seine Mutter also aufgehalten, während Julia mit ihm im Kinderwagen auf dem Hügel herumspazierte. Er versuchte sie sich in ihrem Atelier vorzustellen, aber er konnte weder die Frau, die er kannte, noch jene auf der Fotografie mit diesem verwahrlosten Dachboden in Verbindung bringen. Gedankenverloren blieb er vor dem Tisch stehen und schrieb mit dem Zeigefinger seinen Namen in den Staub.

George hörte unten die Haustür zuschlagen. Kurz darauf drangen die Stimmen seiner Eltern wie von fern zu ihm. Seine Mutter musste überraschend nach Hause gekommen sein. Er ging zur Treppe, beugte sich mit dem Oberkörper so weit über das Geländer, dass er ins Wohnzimmer hinuntersehen konnte. Seine Eltern saßen sich gegenüber. Er ging noch ein paar Stufen weiter, um zu verstehen, was sie redeten. Es erfüllte ihn mit einer heimlichen boshaften Freude, dass sie sich allein wähnten, während er hier oben auf einer Treppenstufe saß und auf sie hinunterblickte. Mutter hielt den Oberkörper aufrecht im Sessel, das Haar streng nach hinten gebürstet. Er konnte die gerade weiße Linie ihres Scheitels erkennen. Vater hockte auf der Kante des Sofas, weit nach vorn gebeugt, als wäre ihm zu viel Tisch zwischen ihnen. Plötzlich sprang er auf, wechselte auf ihre Seite, beugte sich zu ihr hinunter und flüsterte ihr etwas ins Ohr. »Nein«, sagte sie, seinen Arm von ihrer Schulter wegschiebend. Er setzte sich auf die Sessellehne und nahm lächelnd ihre Hand, als hätte er ihr Nein nicht gehört. Dann klammerte er sich an sie, wie ein trotziges Kind sich an ein Spielzeug klammert, das es nie bekommen wird. Sie blieb reglos sitzen und wiederholte nur: »Nein.« Freundlich klang es, fast bedauernd, so wie man einen Nachtisch ablehnen muss, weil man schon zu viel gegessen hat. Herr Rosenberg küsste sie vorsichtig auf den Scheitel, dann, in einem abrupten Wechsel seiner Stimmung und als hätte er erst jetzt begriffen, dass ihre Höflichkeit verachtend war, warf er ihre Hand zurück und ging neben dem Sessel auf und ab. »Dann adoptieren wir ein Kind. Das ist mein letztes Wort!«, herrschte er sie an und eilte, vor ihrer Antwort flüchtend, in sein Arbeitszimmer zurück.

III

Nach Augustas Tod sprach Eliza kaum, und wenn sie den Mund öffnete, stotterte sie nur unverständliche Sätze. Im Waisenhaus wurde sie zu verschiedenen Ärzten geschickt. Mit dreizehn Jahren hatte sie zahlreiche Tests und Untersuchungen hinter sich, doch ihr Zustand verbesserte sich kaum. In der Schule legte sie die Prüfungen ausschließlich schriftlich ab. Eliza ging mit verschränkten Armen umher, als wolle sie sich selbst festhalten. Unter ihren Augen lagen dunkle Schatten, und manchmal wirkte sie wie ein viel zu früh gealterter, vom Leben erschöpfter Mensch.

Im Schlafsaal, den sie mit dreißig anderen Kindern teilte, betete sie vor dem Einschlafen dafür, am nächsten Morgen nicht wieder aufwachen zu müssen. Wenn sie dann ein paar Stunden später die Augen öffnete und sich am selben Ort wieder fand, schüttelte sie verzweifelt den Kopf und schimpfte in ihr Kissen. Der Tagesablauf im Waisenhaus war streng geregelt. Eliza wusste bereits am Morgen, wie sich der kommende Tag und Abend gestalten würden. Freundschaften wurden unter den Insassen nur vorsichtig geschlossen, jeder belauerte den andern, denn niemand wusste, wer als Nächstes abgeholt werden würde.

Am ersten Tag jeden Monats kamen Ehepaare, um sich die Kinder anzusehen. Wenn eins von ihnen schließlich mitgenommen wurde, ging die Nachricht wie ein Lauffeuer durch das Gebäude. Man verabschiedete sich freundlich voneinander, gab vor, sich von Herzen zu freuen, doch die Zurückgebliebenen wünschten jenen, die gingen, insgeheim nichts Gutes. Sobald das erwählte Kind fort war, dachten sich die Zurückgelassenen für es Lebensläufe aus, gespickt mit Katastrophen und Unfällen, und schickten diese den Verrätern wie einen Fluch hinterher.

Elizas Chancen, eines Tages mitgenommen zu werden, waren aufgrund ihrer Sprachstörung gering. Jedes Kind schien genau zu wissen, in welche Kategorie es gehörte, und es gab nur zwei. Jene, die keine besonderen Begabungen vorzuweisen oder ein Gebrechen hatten, beobachteten dumpf die anderen, die vor Erwartung nervös wurden, wenn der nächste Besuchstag näher kam. An diesen Morgen wuschen sie sich besonders sorgfältig, drängten einander im Waschsaal von den Spiegeln weg. Eliza gehörte zur Gruppe der Gleichgültigen, und wenn es doch einmal vorkam, dass ein Ehepaar eine Frage an sie richtete, dann schüttelte sie nur stumm den Kopf. Anfangs hatte sie sich noch bemüht, nach Antworten zu suchen, hatte die Sätze, die sie sagen wollte, deutlich im Kopf. Aber sobald sie den Mund öffnete, zersplitterten die Sätze, als würden sie gewaltsam zerhämmert, fielen in einzelne Wörter auseinander und diese in Buchstaben, und weil Eliza in Panik, mit flachem Atem, immer denselben Buchstaben wiederholte, vergaß sie den Satz und verstummte wieder. Ihr Gegenüber blickte mitleidig auf sie herab, während die anderen Schüler schwiegen, wie man bei einem Unfall schweigt.

Einmal in der Woche fanden sich alle zum Chorsingen in der Aula ein. Durch drei hohe, spitz zulaufende Fenster hatte man einen Ausblick, manchmal konnte Eliza dahinter Wolken und vorbeiziehende Vogelschwärme sehen. Nur wenn Eliza sang, bildete sie die Wörter und Sätze mühelos, sie schleuderte ihre Stimme in Richtung der Fenster und stellte sich vor, dass die Wörter von einer Wolke oder einem Vogelflügel mitgenommen und weit weggetragen werden würden. Die Kinder standen auf der Bühne in der Aula, hoben ihre Stimmen, schickten sie wie Boten voraus, in der Hoffnung, irgendwann doch noch von Stiefeltern mitgenommen zu werden und da draußen einen Platz zu finden. Eliza sah deutlich, wie sich alle Kinderstimmen zu einem Klangmeer verbanden, auf dem Wörter obenauf schwammen, schaukelnd in sich aufbäumenden und niedersinkenden Wellen. Als würde der Gesang, der durch das ganze Gebäude hallte, gleichsam aus einem Munde strömen. In jedem Raum war das Singen zu hören, bis hinaus auf die Straße, wo Passanten manchmal kurz stehen blieben, um zu lauschen, und dabei, mit schräg geneigtem Kopf, die Mauer bis zu den Fenstern der Aula hinaufschauten.

Es war ein sonniger, kalter Tag, als die Rosenbergs Eliza abholten. Eliza erinnerte sich, dass die Waisenkinder immer wieder vom Goldhügel gesprochen hatten. Allein schon der Name hatte für Aufregung gesorgt. Das Wort selbst war wie ein Versprechen, ein verborgenes Geschenk, um das sie lauernd herumschlichen und es anschauten, während sie alle wussten, sie selbst würden es niemals öffnen können, weil es nicht für sie bestimmt war.

Eliza saß auf dem Rücksitz des großen Wagens, vor dem Fenster zogen blühende Kastanienbäume vorbei. Sie hielten am Ende einer Allee vor einem weißen, würfelförmigen Haus. Herr Rosenberg legte ganz selbstverständlich seine Hand auf Elizas Schulter und führte sie durch die Räume. Das Zimmer von George Rosenberg wirkte leer. Er sei gerade für ein Jahr ins Ausland gereist, erklärte Herr Rosenberg und fügte hinzu »um eine Fremdsprache zu erlernen«. Maria lächelte Eliza abwesend an, sie schien an anderes zu denken, während sie sie »bei uns zu Hause« willkommen hieß. Eliza mochte die Art, mit der Frau Rosenberg sich bewegte, flüchtig, als wäre sie mehr zufällig hier. Sie stiegen in den obersten Stock hinauf, die Rosenbergs hatten den Dachboden mit neuen Möbeln einrichten lassen; die Wände rochen nach frischer Farbe. Julia kam eilfertig hinterher, einen Stapel frischer Wäsche auf den Armen. Ihre Schritte klangen bestimmt und routiniert, und als Eliza die Haushälterin sah, schien es ihr, als gehöre das Haus mehr zu ihr als zu den Rosenbergs selbst.

Eliza hatte nur Großmutters Rucksack mit ihren Kleidern mitgebracht, in einen alten Pullover hatte sie das Muschelhorn eingewickelt. Sobald Eliza alleine in ihrem Zimmer war, ließ sie sich aufs Bett fallen und hielt die Öffnung des Muschelhorns ans Ohr. Sie hörte das ferne Rauschen ihres eigenen Blutes. Dort, wo das Rauschen war, musste Großmutter sein, dachte Eliza. Sie sah sie vor sich, vor ihren geschlossenen Augen, rauchend in ihren Röcken. Dann legte sie das Muschelhorn unter das Dachfenster, genau an die Stelle, an der das Licht ein kleines warmes Rechteck auf den Boden warf.

Jeden Abend nach dem Essen fand sich Eliza in Herrn Rosenbergs Zimmer ein. Sie saßen sich gegenüber, zwischen ihnen der schwere englische Schreibtisch, auf dem sich ein Aufnahmegerät befand und in einer Kiste das Alphabet; jeder Buchstabe in einen Holzwürfel eingestanzt.

Eliza scheute sich, in Herrn Rosenbergs Gesicht zu blicken, das sich ihr auffordernd zuwandte. Mit verschränkten Armen, in ihren Stuhl zurückgelehnt, blickte sie über ihn hinweg zum Fenster. Es war halb geöffnet, der Wind wehte die Vorhänge in regelmäßigem Rhythmus nach innen, sie wölbten sich und falteten sich zusammen. Eliza zählte die Sekunden zwischen den einzelnen Windstößen. Indessen breitete sich im Raum Herrn Rosenbergs Stimme aus, mit der üblichen, Eliza inzwischen so gut bekannten insistierenden Milde, mit der Helfer zu Opfern zu sprechen pflegen. Eliza hatte noch nie darauf reagiert. Das Reden war etwas für die anderen. Es gab Menschen, die tauschten Sätze aus, um einander ein Lächeln ins Gesicht zu schicken, und es gab Sätze, die folgten so schnell aufeinander, als jagten sie sich und hätten nichts anderes im Sinn, als das Gegenüber zu vertreiben. Aber im Grunde war es egal, was wann wie gesagt wurde, für Eliza war es ein Spiel, mit dem sich die Menschen die Zeit vertrieben. Sie jonglierten mit Wörtern wie mit Glaskugeln, und wenn sie herunterfielen und zerbrachen, schickten sie einfach neue nach, und es bedeutete überhaupt nichts. Eliza schwieg, und sie war stolz, wenn sie einen ganzen Tag ohne ein einziges Wort auskam. Mit Großmutter hatte man auch nicht geredet. Die Bewohner im Dorf waren in eisernes Schweigen gefallen, sobald sie in ihre Nähe kam, fingen aber augenblicklich an, sich den Mund über sie zu zerreißen, kaum dass sie in die Straße zum Speicher abgebogen und außer Hörweite war. Eliza war überzeugt, Großmutter war nur deshalb gestorben. Zur Beerdigung erschien niemand aus dem Dorf, und der Pfarrer hatte jeden Satz vor Augustas Grab stehend zu sich selbst gesprochen, sich bedauernd, an einem so schönen Frühlingstag jemanden beerdigen zu müssen. Eliza blickte die ganze Zeit in das ausgehobene Grab, auf den Sarg hinunter. Die Erde, die man daraufschüttete, fiel hart und hohl auf das Holz, und sie hatte einen Moment daran gedacht, die Totengräber zu bitten, doch damit aufzuhören.

»Eliza«, rief Herr Rosenberg, und immer lauter: »Eliza!« Seine Stimme klang ungeduldig. Er hatte beide Hände auf die Tischkante gestützt.

»Du träumst«, sagte er vorwurfsvoll, als würde er sie auf ein striktes Verbot aufmerksam machen. Herr Rosenberg hatte mit den Buchstabenwürfeln ihren Namen geschrieben. Er hatte in der Kiste nach den Buchstaben gesucht und in der Mitte des Tisches einen neben den anderen gesetzt, als baue er an einer Mauer.

»Kannst du das aussprechen?« Eliza schüttelte schnell den Kopf und blickte zum Fenster hinaus. Draußen dämmerte es. Die Vorhänge hingen jetzt bewegungslos herunter. Herr Rosenberg erhob sich und bedeutete mit einer Handbewegung zur Tür, dass die Sitzung beendet war.

Eines Morgens stieg Eliza früher vom Dachboden hinunter als sonst. Die Rosenbergs schliefen noch, nur in der Küche brannte schon Licht. Julia hantierte mit Geschirr und bereitete das Frühstück vor. Mit verschlafen verstörtem Blick trat Eliza vor sie hin und streckte ihr das blutige Laken entgegen. Eliza hatte die Mädchen in der Schule oft genug davon sprechen hören, und wer es bekam, teilte es den anderen stolz mit. Es gab eine unausgesprochene Grenze zwischen den Mädchen, die es schon hatten und es untereinander wie ein gemeinsames Geheimnis teilten, und jenen, die es nicht hatten, die in den Augen der Geheimnisträgerinnen ahnungslose belächelnswerte Kinder waren. Wenn ein Mädchen behauptete, es bekommen zu haben, wurde es in der Pause von den Älteren auf die Toilette begleitet, wo es den Beweis antreten musste. Einmal wurde ein Mädchen verprügelt, weil es versuchte zu schwindeln und rote Farbe in ihre Unterhose gestrichen hatte.

Aber Eliza kam es wie ein Unfall vor. »Daran musst du dich gewöhnen«, sagte Julia. »Es wird jeden Monat wiederkommen. Ich koch dir jetzt einen Tee, und danach gehst du wieder ins Bett.«

Julia war froh, dass Eliza damit zu ihr gekommen war und nicht etwa zu Frau Rosenberg. Denn sie sah sich als die Hüterin aller Geheimnisse im Haus, und wenn etwas geschah, war sie die Erste, die es wissen sollte.

Von da an beobachtete Eliza ihren Körper mit größerer Aufmerksamkeit. Er war plötzlich etwas Launisches, Unberechenbares, etwas, das sich über Nacht verändern konnte. Ihr Körper war jetzt wie ein feindliches Wesen, gegen das sie kämpfen musste, um es zu beherrschen. Sie zwang sich, eiskalt zu duschen, und trieb den vom Schlaf noch trägen Körper frühmorgens in die frische Luft hinaus. Sie rannte auf den Wegen des Hügels, an den Häusern und eingezäunten Gärten entlang, bis der immer schneller werdende Atem die Stille des Schlafs in ihr verdrängte. Der Schweiß lief ihr kitzelnd die Wirbelsäule hinunter. Die Beine unter ihr schienen sich wie mechanisch zu bewegen und sie fortzutragen. Sie wünschte, den beginnenden Tag, das Halbdunkel des Morgens anhalten zu können, die Stunden zu verhindern, die sie hinaustrugen in den Tag, in die Helligkeit, zu den Menschen.

Nur vor der Kirche, auf der Mitte des Hügels, hielt

sie jeweils an und ging hinein. In einer Nische standen Heiligenfiguren aus grauem Stein, sie betrachtete die nach innen gekehrten Augen, die steinernen Münder. Ein Relief an der Wand zeigte einen Heiligen inmitten von Vögeln, die um ihn herumflatterten: Der Heilige hatte die Arme emporgehoben, als würde er mit ihnen ein Gespräch führen. Eliza ging zu den Figuren und dem Relief in der Kirche, als besuche sie Freunde.

In den Sitzungen war Eliza damit beschäftigt, den gesamten Raum auszuloten, der sich hinter und um Herrn Rosenberg herum auftat. Nur um nicht dorthin blicken zu müssen, wo Herr Rosenberg saß, der ihr abwechselnd mit sanfter und ausfällig zorniger Stimme Sätze hinwarf, die an Eliza abprallten, als könnten sie gar nicht ihr gelten. Einmal streifte sie zufällig seinen Blick, und Herr Rosenberg zuckte zusammen über den Ausdruck in ihren Augen, der ihm mitteilte, er befinde sich bedauerlicherweise in einem heillosen Irrtum und alle Versuche, sie zum Sprechen zu bringen, seien sinnlos. Unvermittelt brach er über diese Keckheit in Lachen aus. Eliza untersuchte mit ihren Augen weiter das Zimmer. Auf dem Regal, in dem Herr Rosenberg die Aktenordner seiner Patienten aufbewahrte, stand ein gerahmtes Foto, auf dem Elizas Blick immer wieder haften blieb. Es zeigte Maria Rosenberg mit einem etwa dreijährigen Jungen auf dem Schoß. Hinter ihnen stand Herr Rosenberg, stolz ins Bild lächelnd, die Arme wie die Katheten eines rechtwinkligen Dreiecks auf den Schultern seiner Frau.

In dieser Sitzung hatte Herr Rosenberg begriffen, dass Elizas Sprachstörung keine Behinderung war, sondern eine Entscheidung. Sämtliche Methoden, Systeme und Strategien, die er bei seinen Patienten mit Erfolg anzuwenden pflegte, waren bei Eliza hinfällig. Als sie am nächsten Abend in sein Arbeitszimmer kam, war der Raum abgedunkelt, das Foto auf dem Regal war verschwunden, das Fenster geschlossen und die Vorhänge zugezogen. Nur eine kleine Lampe warf einen warmen Lichtkegel auf den Tisch. Herr Rosenberg machte eine Bewegung mit der Hand, dass sie sich setzen solle. Dann schwieg er und blickte an ihr vorbei ins Dunkel. Eliza lehnte sich, die Arme locker verschränkt, entspannt in den Stuhl zurück. Sie hatte an ihrem Schweigen hart gearbeitet, war vollständig damit ausgekleidet. Sie dachte an die Steinfiguren in der Kirche. Sie hatte gelernt, Gespräche zu führen, ohne dabei den Mund zu öffnen. Herr Rosenberg kam nicht umhin, sie anzustarren wie ein Phänomen. Sie war mager, die schmalen Handgelenke wirkten zerbrechlich, und in ihrem hellen hochwangigen Gesicht hatten ihre schwarzen, meist weit geöffneten Augen etwas seltsam Altes. Er überlegte, ob es sie amüsierte, dass die meisten Leute sie für beschränkt hielten, nur weil sie nicht sprach, während sie sehr klare Gedanken hatte, die sie nur für sich behielt. Mittlerweile schien sie ihm faszinierend und beneidenswert, wie sie so ganz ohne Reden auskam. Sie musste in tiefe Schichten hinabsteigen können, die ihm verwehrt waren.

Sie schwiegen die ganze Stunde, und Herr Rosenberg schwieg dilettantisch.

Er räusperte sich alle drei Minuten, wippte mit dem Fuß, änderte die Haltung seines Oberkörpers und rutschte nervös auf dem Stuhl herum, während Eliza, ohne sich zu bewegen, vor sich hin blickte, mit eulenhaft halb geschlossenen Augenlidern.

Früher hatte er sich geärgert, wenn sich Maria zum Arbeiten im Dachboden einschloss, abwesend und unberührbar für ihn, und noch mehr, als später ihre geschwätzigen Kundinnen kamen, Nachbarinnen, die dann bis zum Abend unaufhörlich plaudernd im Wohnzimmer herumsaßen. In der Nacht, wenn Maria unterwegs war und er allein im Bett lag, musste er an Eliza denken, die jetzt da oben auf dem Dachboden wohnte, in ihrem Reich aus Schweigen.

Das verlassene Zimmer des Sohnes übte auf Eliza eine anziehende Wirkung aus. Die Tür zu George Rosenbergs Zimmer war nicht verschlossen, und wenn Julia gerade nicht im Haus war und sie beobachten konnte, stieg Eliza vom Dachboden hinunter und betrat es. Mit jedem Mal veränderte sich George Rosenbergs Gesicht in ihrer Vorstellung. Sie setzte sich auf die Bettkante und betrachtete die Poster an der Wand: gefährlich schräg in der Kurve liegende Motorräder, eine Satellitenaufnahme des Mondes, eine große Weltkarte. In der Schublade seines Tisches, die sie einmal aus Neugier öffnete, fand sie einen Stapel Fotografien, auf denen Maria Rosenberg abgebildet war. Sie zeigten sie als junges Mädchen vor der Heirat. Eliza überlegte, warum der Sohn all diese Bilder gesammelt hatte, sie fühlte, es lag etwas Besessenes darin, und sie war sich sicher, dass die Bilder nicht in diese Schublade gehörten, sondern er sie irgendwo entwendet hatte, wo sie jetzt fehlten, ohne vermisst zu werden.

Herr Rosenberg öffnete die Augen schlagartig, und es trat immer ein Ausdruck von Schrecken in sein Gesicht, wenn er erwachte und Maria schon aufrecht neben ihm saß. Seit sie ihre eigene Firma hatte, erhob sie sich morgens abrupt und sprang ohne Übergang aus dem Bett. Früher hatte sie sich ausgiebig geräkelt. Die ersten Male hatte es Herrn Rosenberg verletzt, dass er auf diese Weise einfach allein zurückgelassen wurde. Obwohl er erst später aufstehen musste, konnte er dann nicht wieder einschlafen.

Maria Rosenberg hatte die Koffer schon am Vorabend gepackt. Sie musste für drei Wochen verreisen, um im Ausland ihre Kollektionen zu präsentieren. Sie schlug auch diesmal die Decke hastig zurück, sodass Herr Rosenberg aufwachte, warf die Beine über die Bettkante und verharrte kurz in dieser Stellung. Herr Rosenberg blickte auf ihren Rücken, während sie sich, nicht ohne Vorwurf in der Stimme, erkundigte, warum Eliza immer noch nicht im Stande war zu sprechen. »Als ich ihr gestern zufällig auf der Treppe begegnete, war sie nicht einmal in der Lage zu grüßen.«

»Vielleicht hat sie einfach nur begriffen, dass es keinen Sinn hat.« Das waren die Art resignierter Sätze, die Herr Rosenberg in letzter Zeit öfter an seine Frau richtete und die sie konsequent zu ignorieren wusste. Maria eilte ins Bad. Das Plätschern des Wassers und die kleine Einbuchtung im Kissen, wo gerade noch ihr Kopf gelegen hatte, deprimierten ihn. Barfüßig, in Shorts, trug er eine Viertelstunde später ihren Koffer vors Haus und winkte dem davonfahrenden Taxi nach, das Maria im Morgengrauen zum Flughafen brachte.

Es war dunkel und still um Eliza, und es war das erste Mal, dass sie Herrn Rosenberg ins Gesicht blickte. Im Schein der Lampe hatten seine Züge etwas versöhnlich Warmes. Er blickte Eliza an, als wäre er darauf bedacht, dass sie sich sein Gesicht einprägte, als wolle er in Erinnerung behalten werden. Seine Hände lagen flach, wie vergessen, auf dem Tisch. Plötzlich schob Eliza mit einer schnellen Bewegung ihre Hände unter die seinen. Sie saßen am Tisch wie auf einer kleinen Insel, umgeben vom Dunkel, und Herr Rosenberg streichelte ihre Fingernägel, winzige weiße Halbmonde.

Später, mitten in der Nacht, hörte sie Schritte auf der Treppe. Er ließ die Tür hinter sich offen stehen. Im Mondlicht, das durch das Dachfenster fiel, zeichnete sich Herrn Rosenbergs Silhouette ab. Eliza blickte in seine Richtung, ohne im Gesicht seine Augen erkennen zu können. Das Zurückschlagen der Decke erfolgte geräuschlos. Seine Arme schoben sich unter ihren Körper und hoben sie hoch. Während er sie hinuntertrug, krallten sich seine Hände an Elizas Körper fest, als hätte er es aufgegeben, seine Verzweiflung zu verbergen. Ihr Kopf sank in ein Kissen, das größer und weicher war als ihr eigenes, und sie wunderte sich darüber, dass Herr Rosenberg die Augen schloss und »Oh Gott« sagte und »sscchh« und ihr den Mund zuhielt, als fühlte er sich ertappt.

Sie lagen nebeneinander, zwei Hälften einer Kapsel. Eliza schob den Kopf auf seine Brust, die sich hob und senkte, und träumte von Schiffen, aufkommendem Sturm, flatternden Segeln.

Am nächsten Morgen, als Eliza sich aufsetzte, platzte das Wort »Blut« aus ihrem Mund. Sie staunten sich an, das Wort zwischen ihnen, beide überrascht, über das Wort und das Blut auf der Decke.

Julia huschte an diesem Tag übermüdet durchs Haus, glühend vor Mitwisserschaft. Sie hatte in der Nacht im oberen Stockwerk schleichende Schritte gehört. Davon alarmiert, war sie schnell aufgestanden, war auf Zehenspitzen unten an das Treppengeländer geeilt, hatte gerade noch gesehen, wie Herr Rosenberg, Eliza auf den Armen tragend, im Eheschlafzimmer verschwunden war. In ihrem Triumph, selbst die leisesten Geräusche im Haus unter ihrer Kontrolle zu wissen, hatte Julia noch Stunden unten im Flur gestanden und auf eine Fortsetzung dieses unerwarteten Ereignisses gewartet. Aber die Tür hatte sich in dieser Nacht nicht wieder geöffnet. Beim Frühstück besprach sie wie üblich mit Herrn Rosenberg den Arbeitstag, während Eliza hastig ihre Brote aß und dann zur Schule ging. Später wechselte Julia im Eheschlafzimmer komplizenhaft die Bettwäsche.

Herrn Rosenbergs Stimme schraubte sich spiralförmig in Eliza hinein und hallte dort nach. Sie hörte die einzelnen Wörter nicht, sie waren lediglich die Bindeglieder, die seine Stimme zusammenhielten und in ihr zum Schwingen brachten, als wäre sie der geeignete Hallraum.

Das Sprechen kam plötzlich, sie baute mit den Wörtern eine Brücke über die Tischfläche. Es war mehr ein singendes Flüstern, und Herr Rosenberg musste sich vorbeugen, um sie verstehen zu können. In dieser Sitzung erzählte sie von Augusta und dem Ruf des Muschelhorns, das sie abends zum Speicher zurückgeholt hatte, von den Söhnen des Hauswarts, die die neugeborenen Katzen überfahren und dann die Kadaver ins Gebüsch geworfen hatten, von der Beerdigung ihrer Großmutter, bei der sie alleine gewesen war, und vom hohlen Geräusch, das harte Erde macht, wenn sie auf das Holz eines Sarges fällt.

Es schien Herrn Rosenberg überhaupt nicht zu stören, Eliza jetzt dort schlafen zu lassen, wo gewöhnlich seine Frau lag. Für Eliza war es eine überraschende, verwirrende Ankunft an einem fremden Ort. Sie sah Maria Rosenbergs weite Vorhänge ins Schlafzimmer wehen und atmete den klaren, herben Duft ihrer Bettwäsche ein. Da sie ihren Körper jetzt mit Herrn Rosenberg teilte, der ihn aufmerksam betrachtete, fühlte sie sich plötzlich leichter. Stück für Stück gab sie ihren Körper an ihn ab, wie etwas, das sie selber nicht mehr haben wollte, erleichtert, ihn endlich von sich schieben zu können. Sie fing an, kurze Sätze zu sagen, und brach öfters, ohne einen bestimmten Grund, in Lachen aus.

Herr Rosenberg zog ihren mageren Körper an

sich, drückte sein Gesicht an ihren Kopf, und manchmal war es Eliza, als weine er in ihr Haar.

Julia nahm die Tatsache, dass Eliza morgens aus dem Eheschlafzimmer kam und versuchte, unauffällig in die Dachkammer zu laufen, still lächelnd hin. Durch das Ereignis belebt und wie gesättigt von Sätzen, die sie nur denken, aber nicht aussprechen durfte, verrichtete sie ihre Arbeit. Elizas Schritte wurden mit den Tagen schneller und lauter, sie rannte die Treppe zum Dachboden hoch, zwei Stufen auf einmal nehmend, öffnete alle Fenster im Haus, so dass immer ein Wind durch die Räume zog.

Am letzten Morgen vor Marias Rückkehr erwachte Herr Rosenberg frühmorgens, Eliza neben sich, die auf der Seite liegend schlief und ihm den Rücken zuwandte. Er blickte auf ihre vorstehenden Schulterblätter und dachte dabei an all die zukünftigen Hände, die ihren Rücken berühren würden, Hände, die jünger waren als seine. Obwohl sie jetzt atmend neben ihm lag, gab es doch keinen Zweifel an der Flüchtigkeit ihrer Anwesenheit. Jetzt, wo sie zu sprechen begonnen hatte, stand auch die Zeit in ihr nicht mehr still. Er sah an seinem eigenen Körper herunter, der ihm neben dem ihren noch älter vorkam, und von einer plötzlichen dumpfen Unruhe ergriffen sprang er aus dem Bett.

George und Maria Rosenberg trafen am selben Tag auf dem Goldhügel ein. Julia stand seit dem Morgen in der Küche und bereitete das Abendessen vor. Am späten Mittag riss George die Haustür auf, stellte den Koffer mitten ins Wohnzimmer und warf die Taschen aufs Sofa. Julia kam aus der Küche, umarmte ihn stürmisch und rannte ihm flatterhaft plaudernd hinterher, obwohl sie auf sämtliche ihrer Fragen nur sehr spärliche Antworten erhielt.

Herr Rosenberg betrachtete seinen Sohn ausgiebig von allen Seiten, wie er dort in Jeans und Stiefeln mitten im Wohnzimmer stand. »Wir haben dir ja von Eliza geschrieben«, sagte Herr Rosenberg, als Eliza neugierig die Treppe herunterkam. »Deine Stiefschwester«, sagte er auf sie weisend, und es klang wie eine Überraschung, die er sich eigens für die Rückkehr seines Sohnes ausgedacht hatte. George übertönte das Wort mit einem hitzigen Lachen, und es war Eliza, während sie ihn zur Begrüßung umarmte, als hätte er mit seinem Lachen das Wort zwischen ihnen ausgelöscht.

Sie saßen alle drei zu Tisch, und Julia hatte gerade die dampfenden Schüsseln herbeigeholt, als Maria herunterkam. Sie war erst gegen Abend auf dem Hügel angekommen und sofort im Badezimmer verschwunden. George sprang auf und verneigte sich vor ihr, wie vor einer Hoheit, so dass alle lachen mussten und Julia sogar übermütig mit dem Löffel an ihr Weinglas klopfte. Maria trug einen eleganten schwarzen Anzug, zwischen dem Revers konnte George ihre hervorstehenden Schlüsselbeinknochen sehen, die winzige Schatten warfen. In ihrer Anwesenheit wirkten alle unpassend und schlecht gekleidet. Die Stimmen am Tisch überlagerten sich, bis Herr Rosenberg sich erhob und laut erklärte, dass sie außer Georges Heimkehr heute auch Elizas erstaunliche Fortschritte zu feiern hätten, da sie nämlich mit dem heutigen Tag mit den Sitzungen hatten aufhören können.

»Das muss harte Arbeit gewesen sein«, sagte Maria ihr zuzwinkernd. »So schweigsam, wie du bis vor kurzem noch gewesen bist.« Darauf hielten alle die Gläser in die Höhe. George saß neben Eliza und stieß unbeherrscht sein Glas an das ihre. Als Herr Rosenberg seinen Sohn fragte, wie es im Ausland gewesen sei, antwortete er ausführlich, wild gestikulierend, in einer Sprache, die niemand verstand. Kurz darauf, als es draußen schon dämmerte, erklärte er, er wolle noch jemanden in der Stadt besuchen. In der Küche schnitt er für seinen Freund King Sor ein großes Stück vom Lammbraten ab und packte es in die Tasche. Vor dem Haus schwang er sich auf sein Motorrad und ließ das Elternhaus hinter sich. George hatte auf dem Goldhügel keinerlei Freunde. Er verachtete die Gleichaltrigen vom Hügel, die alle einen weichen Zug um die Mundwinkel zu haben schienen, und George hatte Stunden vor dem Spiegel verbracht, Grimassen geübt und seine Gesichtsmuskeln trainiert, nur um nicht denselben verräterischen Ausdruck im Gesicht zu bekommen.

Jetzt lachte er in seinen Helm, als er im Slalom zwischen den hupenden, im Stau stehenden Autos auf der Schnellstraße, die aus der Stadt führte, davonfuhr.

Seit Maria wieder im Haus war und Besitz von ihren Räumen genommen hatte, ging Herr Rosenberg Eliza aus dem Weg. Er sprach mit ihr, wie man mit einem kleinen Kind spricht, mit plötzlich starr gewordenen Gesichtszügen, die keine Widerrede duldeten.

Sobald Julia Herrn Rosenbergs entschiedene Haltung bemerkte, wandte sie sich ebenfalls von Eliza ab. Als Eliza einmal im Wohnzimmer das Fenster öffnen wollte, kam ihr Julia mürrisch, mit einem Waschlappen in der Luft fuchtelnd, entgegen. »Geh doch auf deinen Dachboden und öffne das Fenster dort!«, sagte sie ungeduldig, als würde Eliza ihr schon lange nur noch Ärger bereiten.

Eliza lag in ihrem Bett auf dem Dachboden wie ein wegkatapultiertes Geschoss. Durch das Dachfenster war ein kleines Stück Nachthimmel zu sehen, zwischen den Sternen blinkte ein Flugzeug. Im Dunkeln erkannte sie die gezackten Umrisse des Muschelhorns, das seit dem Tag ihres Einzugs an derselben Stelle auf dem Boden lag. Eliza sah in Gedanken Großmutters Hände vor sich, die das Muschelhorn umschlossen, um sie zu rufen. Eliza öffnete das Dachfenster. Ihr Atem strömte in das weiße Gehäuse und schickte den tiefen trompetenhaften Ton in die Nacht. Wie ein Signal erklang der Ruf über dem Goldhügel, und als hätte sie sich selbst erschreckt, legte Eliza das Muschelhorn mit ausgestreckten Armen vorsichtig wieder auf den Boden zurück. Später, auf dem Bett liegend, versuchte sie sich an die alten Lieder zu erinnern, die sie in jenem Winter, als der Schulbus nicht mehr durch den Schnee kam, von Großmutter gelernt hatte, und sang sich leise in den Schlaf.

Jeden Abend zur gleichen Zeit hörte Eliza, wie George das Motorrad unten aus der Garage holte und davonfuhr. Während sie auf dem Bett lag, konzentrierte sie sich auf das leiser werdende Motorengeräusch, als klammere sie sich daran, und schnellte wie ein gerissenes Gummiband zurück, sobald es außer Hörweite war. Wenn er mitten in der Nacht wieder zurückkehrte, wachte sie von seinen Schritten auf. Einmal nahm sie ihren ganzen Mut zusammen und kam ihm, wie zufällig, auf der Treppe entgegen. Sie standen sich gegenüber; er roch nach

Rauch und Holz, als hätte er lange an einem offenen Feuer gesessen. Er zuckte zusammen, als er Eliza im Dunkeln bemerkte. »Ich kann nicht schlafen«, sagte sie schnell, fast entschuldigend, und wollte an ihm vorbei die Treppe hinuntergehen. Plötzlich kam sie sich selbst merkwürdig vor und schämte sich dafür, dass sie ihn auf der Treppe hatte einfangen wollen.

»Ich auch nicht«, sagte George, »wenn du willst, kannst du noch für ein paar Minuten in mein Zimmer kommen.« Sie schlichen am Schlafzimmer seiner Eltern vorbei, und Eliza drückte schnell ihr Ohr an die Tür, aber drinnen war nicht der geringste Laut zu hören.

George bot ihr den einzigen Stuhl an und stellte sich selbst ans Fenster.

»Wo gehst du eigentlich immer hin, so spät in der Nacht?«, fragte sie ihn neugierig.

»Einen Freund besuchen. King Sor, er lebt in einem Autowrack unter einer Autobahnbrücke, und ich bringe ihm zu essen.«

»Arbeitet er nicht?«

»Nein, das heißt doch, er hütet ein Feuer. Er sagt, dass, solange er lebt, sein Feuer nicht ausgehen darf.«

Eliza lachte: »Das klingt, als wäre er verrückt.«

»Er ist mein Freund«, sagte George schnell, als hätte er ihr schon zu viel erzählt.

Eliza erwartete von nun an George nachts bei seiner Rückkehr auf der Treppe. Sie setzte sich in seinem Zimmer auf die Bettkante, kreiste mit den Füßen und kicherte, wenn er ihr die fremde Sprache vorführte und wild gestikulierend auf sie einredete. Einmal nahm George Eliza in die Arme, drückte sie an sich und erklärte, er mache sich nichts aus gleichaltrigen Mädchen, es klang, als lege er ein Geständnis ab, das ihn selber beunruhigte. »Aber wir sind Freunde, die besten Freunde. Ich liebe dich hier«, sagte er, während er ihr mit dem Finger auf die Stirn tippte. Dann ging er zum Fenster und blickte über den Hügel, in das Meer von Lichtern, die unten aus der Stadt zu ihnen heraufleuchteten.

Der Wind riss an ihrem Haar. Eliza schloss die Hände um seinen flachen Bauch. Die weißen Straßenmarkierungen flitzten vorbei, vor jeder Kurve dachte Eliza, dahinter müssten sie in einen Abgrund fallen. Aber die Straße führte immer weiter in die Landschaft hinein, die Geschwindigkeit kitzelte in ihrem Bauch, und sie drückte den Kopf an Georges Rücken, eine schützende, atmende Wand. Sie hielten an einem Waldrand und liefen mitten durch den Wald, die trockenen Blätter knisterten unter ihren Schuhsohlen. Es war warm, an einer Lichtung zogen sie ihre T-Shirts aus und legten sich mit nackten Oberkörpern nebeneinander ins hohe Gras. Eliza rupfte eine Butterblume aus und steckte sie George zwischen die Zähne.

»Der Süden ist großartig«, sagte er.

Sie wandte sich ihm zu, stützte den Kopf auf dem angewinkelten Arm auf.

»Wenn man einmal da war, kann man nicht wieder aufhören, daran zu denken«, sagte er.

»Nimmst du mich das nächste Mal mit?«

Er lachte, als amüsiere ihn der Gedanke: »Eines Tages werde ich dich mitnehmen.«

»Hoffentlich noch, bevor ich sterbe.«

George tätschelte ihre Wange wie bei einem Kind.

»Du bist verrückt, Kleines.« Dann legte er sich wieder auf den Rücken, die Arme hinter dem Kopf verschränkt.

»Ich liebe dich, als wärst du meine kleine Schwester«, sagte George.

»Ich weiß«, sagte Eliza enttäuscht und schnippte einen kleinen Stein, den sie vom Boden gehoben hatte, mit Daumen und Zeigefinger mitten auf die Wiese.

»Ja, ich nehm dich mit in den Süden und pass auf dich auf, damit dir nichts geschieht.«

George setzte sich auf, eine blonde Locke fiel ihm in die Stirn, er zog die Beine an, mit seinen gebräunten Armen umfasste er die Knie.

»Hast du schon mal einen Menschen sterben sehen?«

»Nein«, erwiderte Eliza. »Meine Großmutter hat sich beim Sturz von der Treppe das Genick gebrochen, aber als ich nach Hause kam, lag sie bereits im Krankenwagen, zugedeckt mit einem Laken.«

»Ich konnte ihn nicht retten«, sagte George, und während er erzählte, zupfte er mit den Fingernägeln die gelben Blütenblätter der Butterblume eins nach dem anderen ab und ließ sie zwischen seinen Beinen ins Gras fallen.

»Er war mein bester Freund, der einzige, den ich in dem ganzen Jahr im Süden finden konnte. Einmal beschlossen wir, frühmorgens mit unseren Motorrädern über einen Pass zu fahren. Wir stellten es uns großartig vor, der aufgehenden Sonne entgegenzufahren. Mit meinem Freund konnte man das machen, weil er begriff, dass es etwas Schönes war, in einen neuen frischen Tag zu fahren. Aber mein Freund raste davon, und als wir schon zwei Drittel des Passes hinter uns hatten, kam er mitten in einer Kurve von der Straße ab. Das Motorrad lag ganz woanders als er. Er hörte gar nicht mehr auf zu bluten, nie hätte ich gedacht, dass so viel Blut in einem einzigen Menschen sein kann.«

»Er starb?«

»Er starb.«

»Es muss widerlich sein, im eigenen Blut liegend zu sterben. Ich würde lieber die Augen schließen und einfach nicht mehr aufwachen. Als Kind habe ich dafür gebetet«, sagte Eliza. Dann schwiegen sie und schliefen auf der Lichtung ein.

Das Gewitter zog, gebündelt in ein paar dunklen Wolken, als ein sich langsam fortbewegender Schatten über das Land. Auf dem Goldhügel schien die Sonne bereits wieder auf die Gärten und die tropfenden Kastanienbäume, als Eliza und George erwachten, weil die Tropfen kalt auf ihre nackten Oberkörper trommelten. Sie blieben liegen, mit offenen Mündern wie gestrandete Fische, und tranken den Regen.

Das nächste Mal, als sie zur Lichtung kamen, hatten sie eine Decke und einen Korb mit Essen dabei. Sie stopften sich das Brot wie Vögel gegenseitig in den Mund. Dann lagen sie rauchend und satt nebeneinander, blickten in den Himmel, sahen ein Flugzeug im Blau zwischen zwei Wolken aufsteigen und die sich langsam auflösende Düsenspur, eine weiße Naht, die für einen kurzen Augenblick den Himmel durchzog.

»Du solltest nie älter werden. Ich würde jeden umbringen, der dir was antut«, sagte George.

Eliza legte den Kopf auf seine Brust, die nach salziger Haut roch, und musste plötzlich daran denken, dass sie gerade auf etwas Lebendigem lagen und mit dem Gewicht ihrer Körper ein ganzes Reich von Insekten und Gräsern unter sich begruben.

Wie ein anrollender Murgang brach das Geständnis aus ihr heraus, die Wörter folgten scheinbar unkontrolliert aufeinander, sie wiederholte dieselben Wörter wie mechanisch, brach ab, und es war, als begehre ihre Stimme immer wieder von neuem auf und schleife die Sätze über ihre trockenen Lippen.

George rannte über die Lichtung quer durch den Wald, Äste zerkratzten sein Gesicht und die nackten Beine. Unten am Waldrand schwang er sich auf sein Motorrad und verschwand.

In seinem Kopf war es heiß und lärmig. Er bog von der Straße ab und überquerte ein Kornfeld. Er dachte an den Schatten seines Vaters auf der Fotografie, den er weggeschnitten hatte. Eines Nachts war ihm plötzlich die Idee gekommen, den Schatten einfach zu entfernen. Er hatte lachen müssen, als er die Schere ansetzte, weil es so einfach war.

George starrte in das dunkle reife Gelb vor ihm, die Ähren zerschnitten in den Speichen, die trockene Erde spritzte unter den Rädern davon. Als die Entscheidung fiel, mit der Plötzlichkeit, mit der das Beil eines Schafotts herabsaust, wurde es in seinem Kopf schlagartig ruhig. Er fühlte, dass er innerlich langsam auskühlte und sich beruhigte. Das Motorrad hinterließ eine schmale Spur im Feld. Er drosselte das Tempo, und als er wieder auf die Straße kam, fuhr er, fast gemächlich, der Stadt entgegen.

Er hielt im Norden der Stadt an und betrat in der Nähe des gläsernen Geschäftspalastes ein Hutgeschäft. Mit der Schachtel unter dem Arm setzte er sich gegenüber in ein Café. Er blickte den Schatten der Wolken nach, die hoch oben an der Fassade vorbeizogen. Als Kind hatte ihn Vater einmal hierher mitgenommen, um ihm zu zeigen, wo Mutter arbeitete. In ihrem Atelier waren lauter fremde Menschen gewesen, und Mutter hatte ihn wie eine Kostbarkeit als ihren *kleinen Prinzen* vorgestellt, so, als würde sie ihn immer so nennen. Aber sie hatte es nie zuvor und auch später nicht mehr zu ihm gesagt. Wie die sich gleichzeitig bewegenden Arme eines Polypen kamen die fremden Hände über seinem Kopf herangeschwirrt, um sein Haar zu streicheln. Irgendwo im Raum hatte Vater verlegen im Abseits gestanden, und George hatte, in der Art, wie Mutter ihm den Rücken zudrehte, sehen können, dass sie sich für ihn schämte.

Sobald es dämmerte und sich die Geschäftshäuser in Säulen aus Licht verwandelten, bezahlte George und verließ das Café. Die Eingangshalle des Geschäftspalastes schien ihm kleiner geworden. In der Mitte der Halle stand ein Springbrunnen. Als Kind war er staunend davor stehen geblieben, hatte dem Plätschern des Wassers gelauscht und war sich vorgekommen wie in einem Schloss. Jetzt ging George mit der Hutschachtel unter dem Arm an dem Springbrunnen vorbei, ohne ihn anzublicken.

Im fünfzehnten Stock stieg er aus dem Lift, ging schnellen Schritts den Flur entlang, trat ein, ohne anzuklopfen. Maria Rosenberg saß an einem Glastisch am Computer. Sie schreckte hinter dem Bildschirm auf, als sie die Tür zuschlagen hörte. Erleichtert und gleichzeitig überrascht sank sie auf den Stuhl zurück, als sie ihren Sohn erblickte.

»Was ist passiert?«, fragte sie, seine schmutzigen Stiefel betrachtend. Seine Arme waren zerkratzt, als wäre er in Dornen gefallen.

»Ich war im Kornfeld, Mutter.«

Sie starrte ihn verständnislos an, so, wie man einen Fremden anblickt.

»Du hast deinen Hut vergessen, Mutter.«

Er legte die Schachtel auf den Tisch, öffnete sie und streckte ihr den Hut entgegen.

»Es ist heute gar nicht mein Geburtstag«, sagte sie und versuchte zu lächeln. Es war ein einfacher Sommerhut aus Stroh.

Noch während sie auf den Hut schaute, sich dumpf erinnernd, irgendwann vor langer Zeit einmal genau so einen Hut besessen zu haben, stand George vor ihr, zog sie an den Armen ruckartig hoch und riss sie an sich, so dass der Stuhl quer durch den Raum rollte.

Eliza war den ganzen Weg zu Fuß zurückgegangen und zu Hause sogleich erschöpft mit den Kleidern ins Bett gefallen. Es war lange nach Mitternacht, als George die Tür aufriss und aufgewühlt, aber mit entschlossenen Schritten auf dem Dachboden auf und ab ging.

»Man sollte das verdammte Haus hier samt meinen Alten in die Luft jagen. Ich haue ab. Wenn du mitkommen willst, mach dich fertig.«

Eliza sprang vom Bett, ohne zu zögern wickelte sie das Muschelhorn in einen Pullover und packte ein paar Kleider in Großmutters Rucksack.

Über der Stadt lag ein dunkelblaues Licht. Kurz bevor die Sonne aufging, fuhr das Motorrad dröhnend den Goldhügel hinunter.

IV

Am Rande der Stadt fuhr der Bauer mit der Dreh-
pflugmaschine über den letzten Streifen Erde und
blickte, im Fahrerhäuschen seines Traktors sitzend,
über das frisch gepflügte Ackerfeld. Hinter dem
Bauernhof und dem flachen silbernen Nutzbau der
Mastgeflügelzucht ragten die Wolkenkratzer der
Stadt auf. Die untergehende Sonne warf ein rotes
Lichtband in den Himmel, und die gezackte Silhouette der Hochhäuser bildete darin tausend schwarze
Risse, als wäre das Band an der unteren Seite ausge-
franst. Der Bauer steuerte den kleinen Hof an, beeil-
te sich, vor Einbruch der Dunkelheit im Haus zu
sein. Seit die benachbarten Höfe innerhalb kurzer
Zeit einer nach dem anderen aufgegeben hatten und
er als Einziger, dank der Mastgeflügelzucht, überle-
ben konnte, fehlte ihm die Gesellschaft der anderen
Bauern. Die fernen Motorengeräusche ihrer Land-
maschinen, das Hundegebell, das der Wind bis an

seinen Hof herantrug, hatten ihn über die Hügel und Felder hinweg mit einer Gemeinschaft verbunden.

Außer den immer öfter wie aus dem Nichts aufsteigenden Militärjets, die wie zornige Insektenstachel krachend die Schallmauer durchbrachen, war nur noch das gleichmäßige Rauschen der in der Nähe vorbeiführenden Autobahn zu vernehmen. Das summende Geräusch der Autos umschloss die ganze Gegend, eine unsichtbare Grenze bildend. Unangemessen laut kam dem Bauern jetzt das Rattern seines Traktors vor, und in der Landschaft, in die er bis dahin eingefügt und der er zugehörig war, fühlte er sich plötzlich ausgesetzt und auf quälende Weise verloren, als die Sonne hinter der Stadt hinabglitt und das rote Lichtband auf einen Schlag wie ein abkommandiertes Heer mit sich nahm.

Im selben Augenblick, als der Bauer in der Garage die von feuchter Erde und Gras verklebten Schaufeln des Drehpflugs mit dem Wasserschlauch abspritzte, tauchten hinter dem Bau der Mastgeflügelzucht zwei junge Menschen auf, die dicht nebeneinander, zwei flüchtenden Tieren gleich, über das Feld eilten.

Ramon, der Tätowierer, zog schlurfend das lahme linke Bein nach, das müde und kraftlos wirkte.

»Ich weiß nicht, was King Sor ohne uns machen würde«, sagte Sue und fuhr sich mit der Hand nervös durch das blonde Haar, eine Bewegung, die sie alle fünf Minuten wiederholte, mechanisch, als wäre ihre Hand darauf programmiert.

»Verhungern wahrscheinlich«, erwiderte Ramon. »Außer George bringen nur wir ihm noch etwas zu essen mit.«

Sue holte einen Flachmann aus der Brusttasche ihres Hemdes und nahm mehrere kleine Schlucke. »Als ich ihn kennen lernte, gab es nur eine Hand voll Leute, die unter die Brücke kamen. Aber mittlerweile hat sich viel Gesindel um ihn geschart. Er hat nie einem Menschen gesagt, dass er verschwinden soll. Deshalb werden es immer mehr.«

Ramon nickte: »Stell dir vor, letzthin haben mich ein paar von den Neuen aus der Pipeline gejagt. Ich habe schon geschlafen, als sie betrunken ankamen und mich weckten und fortjagten.« Ramons Stimme zitterte vor Empörung, während er sich daran erinnerte und hinzufügte: »Dabei schlafe ich schon seit Jahren dort, und ich würde meinen, dass die Pipeline so etwas wie *meine* Wohnung ist.«

Das Ackerfeld endete an den Leitplanken einer Autobahnzufahrt. Mit pferdehaft vorgestreckten Köpfen blickten Ramon und Sue in die Richtung, aus der die Autos kamen, warteten auf den geeigneten Augenblick und rannten dann gleichzeitig auf Kommando zur anderen Seite, kletterten die Böschung hinunter und folgten einem schmalen ausgetretenen Weg, der unter die Autobahnbrücke zu King Sors Reich führte.

King Sors Territorium erstreckte sich über die ganze Länge der Autobahnbrücke, auf beiden Seiten durch die Brückenpfeiler begrenzt. Dahinter, etwas abseits auf einem Schotterplatz, lag das Betonrohr einer stillgelegten Fernwärmepipeline.

Als Ramon und Sue unter der Brücke eintrafen, hockte King Sor vor seinem Autowrack und stocherte gedankenverloren mit einem langen Stab in der glühenden Kohle herum. Um die Feuerstätte saß eine Gruppe junger Männer, sie machten nur widerwillig Platz, als Sue und Ramon sich zu ihnen setzen wollten. Sie besprachen, mit immer lauter werdenden Stimmen, einander ins Wort fallend, die Route für den Abend. Schließlich stieß einer von ihnen einen unter dem Brückengewölbe lang nachhallenden Schrei aus, worauf sich alle erhoben, die Rucksäcke mit den Spraydosen griffen und, dem Rufen ihrer eigenen Stimmen folgend, loszogen in Richtung Stadt.

King Sor blickte der johlenden Gruppe mitleidsvoll lächelnd nach, wie sie, eine kleine euphorische Armee, auszog, um seinen Namen zu verewigen auf den weißen Wänden der Stadt, den Zügen, Untergrundbahnen und Denkmälern. Niemand hatte King Sor je sagen gehört, dass sie es tun sollten. Aber sie taten es begeistert und wie im Auftrag. Sobald das Geschrei der abziehenden Gruppe in der Ferne verklungen war, hörte man wieder das dumpfe rhythmische Rumpeln der Autos über ihnen. Die Betonbrücke war wie ein langes graues Dach, das denen darunter Schutz bot. Sue verteilte Zigaretten. Ihr Freund war vor kurzem tödlich verunglückt, weil er sich beim Surfen in der Untergrundbahn zu weit aus dem Fenster gelehnt hatte und dabei an einem Leitungsmasten hängen geblieben war. Seitdem kam Sue meist allein zu King Sor unter die Brücke, um ihm etwas zu essen zu bringen und dann stundenlang schweigend an seinem Feuer zu sitzen.

King Sor legte neues Holz auf. Hinter dem Autowrack hatte er Holzscheite und Äste gestapelt, die er auf seinen Streifzügen in die Umgebung gesammelt hatte. Im Licht des Feuers erkannte Sue seine klaren kantigen Gesichtszüge, nur die Augenlider waren leicht nach unten gezogen, was ihm einen Ausdruck von permanenter Traurigkeit verlieh.

Ein plötzliches Knallen schreckte sie alle auf; King Sor zuckte zusammen und ließ das Holz aus den Händen fallen. Mehrere Düsenjäger durchbrachen rasch nacheinander die Schallmauer.

»Es ist Krieg, glaub ich. Hab eine Schlagzeile gesehen«, sagte Sue und zog an ihrer Zigarette.

»Im Süden ist Krieg«, sagte Ramon, »und wir sind hier in der Mitte. Also brauchen wir uns keine Sorgen zu machen. Sie fliegen einfach nur drüber.«

»Was für einen Lärm das macht«, sagte Sue.

»Sie laden ihre Bomben im Süden ab, und morgen früh fliegen sie zurück«, meinte Ramon, als wolle er sich selbst beruhigen.

Plötzlich sagte King Sor, der bisher geschwiegen hatte: »Ich habe mir immer gewünscht, in einer Kirche zu wohnen. Hier hallt es genau so, wie es in einer gotischen Kirche hallt.«

Ramon und Sue wussten nicht, was King Sor damit genau meinte, aber sie nickten und lachten, als hätte er einen Scherz gemacht.

George und Eliza verbrachten den ganzen Tag in der Stadt. Sie hoben alles Geld, das sie besaßen, von der Bank ab und gingen in einen Park, wo Eliza Erdnüsse an Eichhörnchen verfütterte. Ziellos spazierten sie dann, sich an den Händen haltend und der Hitze trotzend, durch die Straßen. George fühlte Elizas kleine Hand in der seinen und war erleichtert. An einem Straßenrand fanden sie einen Vogel, der nicht mehr fliegen konnte. Eliza hob ihn auf, er atmete, das Herz pulsierte rasend in seinem winzigen Körper. Als George sah, wie sie mit ihrem Finger über den weichen bebenden Vogelbauch streichelte, durchfuhr ihn ein seltsames Entsetzen.

»Hör auf damit«, sagte George.

»Aber es atmet.«

»Leg ihn weg, bitte«, seine Stimme klang jetzt ungeduldig.

Eliza wusste nicht, was sie mit dem Vogel tun sollte, und setzte ihn vorsichtig auf die Stufe eines Hauseingangs. George blickte sich andauernd um, es war heiß, und er glaubte, die Schritte von Menschen hinter sich zu hören. Als sie in einem gläsernen Lift auf das höchste Gebäude der Stadt hinauffuhren, fühlte sich George wie in einem Turm, in dem er sicher war, solange die Türen geschlossen waren. Von der kreisförmigen Plattform aus hatten sie einen Ausblick in alle Himmelsrichtungen.

»Da!«, rief Eliza. Der Goldhügel war weit entfernt, eine winzige grüne Fläche.

Hinter ihnen ragte das Bürogebäude auf, in dem sich Maria Rosenbergs Atelier befand. Der Boden unter ihnen schwankte fast unmerklich in der Höhe. Eliza ging vergnügt auf der Plattform herum, schaute von allen Seiten hinunter. George sah Eliza plötzlich ihren Rucksack öffnen und eine große Muschel herausholen. Ein Helikopter flog an ihnen vorüber. George stand in der Mitte der Kreisfläche, das Flappen der Rotoren über ihm klang wie das Schwirren von tausend Vögeln, die tot auf ihn herunterregneten. Das Weiß des Muschelhorns in der Sonne blendete seine Augen. »Ich werde rufen, in alle Richtungen rufen!«, rief Eliza vergnügt, mit dem Muschelhorn in der Hand an der Brüstung lehnend.

George hielt sich mit beiden Händen den Kopf, als komme der Schrei aus allen Richtungen seines Körpers, sammele sich in seinem Schädel und breche von innen seinen Mund auf. Sein Schrei war durchdringend und kam für Eliza so unvermittelt, dass sie erschreckt zusammenzuckte. Schnell eilte sie zu George. Sein Körper zitterte in ihren Armen.

»Es ist zu heiß hier oben«, sagte Eliza. »Lass uns irgendwohin gehen, wo es kühler ist.«

Im Lift drückte sich George mit blassem Gesicht an die Wand. Eliza nahm seine Hand und führte ihn ins erste Lokal, das sie finden konnten. George lag erschöpft, zusammengesunken im Stuhl. »Wir müssen weg von hier«, sagte er, mit einer Stimme, die in Elizas Ohren vernünftig klang, und trank das Glas Wasser vor ihm in einem Zug leer.

Eliza und George fuhren auf dem Motorrad durch ein verlassenes Industriegebiet. Eine kaum befahrene Landstraße führte zu einem Ackerfeld und einem Bauernhof, der sich in dieser stadtnahen Gegend unwirklich und fremd ausnahm. Auf der gegenüberliegenden Seite des Feldes konnte Eliza eine Autobahnzufahrt und dahinter den grauen Bogen einer Autobahnbrücke erkennen. George hielt in der Nähe des Bauernhofes. Dann überquerten sie das Feld bis zur Leitplanke. George streckte den Kopf vor, wartete, bis kein Auto mehr in Sicht war, und rannte mit Eliza an der Hand über die Autobahn. Auf der anderen Seite stiegen sie die Böschung hinunter und folgten dem Licht des Feuers, das die dunkle Unterseite der Brücke erhellte. George begrüßte King Sor mit einem Handschlag und stellte ihm Eliza vor. King Sor hieß sie willkommen. Gerade als sie sich zu ihm ans Feuer setzen wollten, traf die Gruppe aus der Stadt unter der Brücke ein. Sie waren aufgedreht wie nach einem gewonnenen Kampf, hüpften ums Feuer und kickten triumphierend die Farbdosen gegen die Brückenpfeiler. Mit einem scheppernden Geräusch rollten die leeren Dosen über den Boden. Jemand stellte einen Benzinkanister neben das Autowrack. Ein Ghettoblaster wurde auf volle Lautstärke gedreht, bis der schnelle Rhythmus das Rumpeln der Autos übertönte. Alle fingen an zu tanzen, nur Ramon blieb am Feuer sitzen. Während er am Boden saß und den anderen zusah, die sich im Tanz wanden, mit den Füßen aufstampften, die Arme ausbreiteten wie im Flug, kam es ihm vor, als sei die Gruppe ein einziger großer Körper, dessen unnützes amputiertes Teil er war. Ramon wusste, dass er hier nur geduldet wurde, weil King Sor ihn schützte. Sie tanzten jetzt um das Feuer und um ihn herum. Das Licht der Flammen warf die Schatten ihrer zuckenden Körper an den Brückenpfeiler. Jemand warf noch mehr Holz ins Feuer, und die Flammen schossen in die Höhe. Ramon spürte die Hitze in seinem Gesicht und blickte dem Rauch nach, der sich unter dem Brückendach wölbte.

Manchmal sahen die Tanzenden mit stummem Blick auf Ramon hinunter. Wie zufällig trat ihm jemand auf die Hand, und er zog sie schnell in seine Hosentasche zurück, als ob er sie verstecken wolle. Plötzlich wurde er gewahr, dass er von der tanzenden Gruppe umzingelt war, ein immer enger werdender Kreis sich um ihn schloss. Er wollte aufstehen, aber jemand stieß ihn in den Rücken, und er fiel auf den Boden zurück. Es waren George, Eliza und Sue, die ihn aus der wütenden Menge herauszogen und auf den Schotterplatz zur Pipeline schleppten. Nacheinander krochen alle vier in die Röhre hinein. Jemand hatte Ramon, als er aufstehen wollte, ein Stück Holz auf den Kopf geschlagen, er blutete aus einer kleinen Platzwunde am Kopf. »Es ist nichts, nichts Schlimmes«, sagte Ramon und winkte ab, als Eliza ihm ihr Taschentuch geben wollte. Er zog seine Jacke aus, rollte sie zusammen und legte sie unter seinen Kopf. Im Innern der Pipeline war es kalt und dunkel. Die Musik hallte von der Brücke wie aus weiter Ferne zu ihnen herüber. Von Zeit zu Zeit durchstießen hoch über ihnen Flugzeuge die Schallmauer. »Falls der Krieg doch noch bis hierher kommen sollte, ist diese Pipeline das beste Versteck, niemand würde hier drin jemanden vermuten«, sagte Sue. Ihre Stimme klang hohl in der Betonröhre. Sie rückten mit angezogenen Knien näher zusammen. Ihre Zigarettenenden spendeten das einzige Licht, und Eliza dachte, sie seien winzige gelbe Monde, die durch das Dunkel schwirrten.

Dann schliefen sie im Sitzen ein, jeder den Kopf seitlich auf die Schulter des anderen gelehnt. Nur Ramon lag ausgestreckt, die Füße auf Georges Beine gelagert. Unzählige Nächte hatte Ramon hier schon allein verbracht. Vor dem Einschlafen hatte er sich immer vorgestellt, seine Träume würden in der Nacht durch die Pipeline bis in die Stadt strömen, in die Häuser und tausend Wohnungen hinein, durch die Heizungsrohre und Leitungen wie durch Adern fließen. Es beruhigte ihn, auf diese Weise mit den Menschen verbunden zu sein, während er weit weg war und niemand von ihm wusste.

George hielt die Augen geschlossen, ohne zu schlafen. Er war erleichtert, dass Eliza ihn nicht gefragt hatte, was in der letzten Nacht geschehen war. Er erinnerte sich nur noch daran, wie er sich zitternd an den Körper seiner Mutter geklammert hatte. Erinnerte sich an den Geruch des Parfums an ihrem Hals und dass er den feinen Stoff ihres Kleides unter seinen Händen gefühlt hatte. Dass er versucht hatte, diesen Stoff gewaltsam zu zerreißen, und wie ihm plötzlich schwindlig geworden und er dann vor ihr zusammengebrochen war. Vor ihren Füßen gelegen und geweint hatte wie ein kleines Kind. Er wusste nicht, wie viel Zeit verstrichen war, aber irgendwann

hatte sie ihm mit der Schuhspitze in die Seite gesto-
ßen: »Steh auf«, hatte sie gesagt, herrisch, wie man
mit einem Hund spricht. Mit klirrender Stimme hatte sie die Wörter auf ihn heruntergeschleudert:
»Steh auf und reiß dich zusammen!«

Am heutigen Abend, als er dann im Licht des Feuers seinen eigenen tanzenden Schatten am Brückenpfeiler gesehen hatte, war er erleichtert gewesen,
dass sein Schatten nichts weiter als ein Schatten
unter anderen war.

Eliza hockte mit angezogenen Knien in der Baumhöhle, als der tiefe trompetenhafte Ruf eine Brücke
in die Dunkelheit schlug. Sie konnte nichts sehen,
aber irgendwo da draußen musste Großmutter sein,
um sie fortzubringen. Sie kroch schnell aus der Höhle heraus, und das Signal kam immer näher, wurde
lauter und riss sie aus dem Schlaf.

Eliza blickte durch die Öffnung der Pipeline in den
grauen Morgen. Aus der Ferne hörte sie den Ruf des
Muschelhorns. Sie schaute sich hastig nach ihrem
Rucksack um und erinnerte sich, dass sie ihn gestern
Nacht bei der Feuerstätte liegen gelassen hatte. Je-
mand musste ihn inzwischen gefunden haben.
Schnell kroch sie aus der Röhre, wobei sie umständ-
lich über die anderen noch schlafenden Körper klet-
terte. Unter der Brücke war niemand mehr, nur leere
Flaschen und Farbdosen lagen überall herum; das

Feuer war zu einem kleinen Haufen Glut niederge-
brannt. Eliza folgte dem stoßweise anschwellenden
Ton des Muschelhorns, der klang, als blase jemand
zu einem Angriff. Sie rannte unter der Brücke durch,
die Böschung hoch. Dort sah sie einen Jungen, der, an
die Leitplanke gelehnt, mit aufgeblähten Backen in
ihr Muschelhorn blies. Die anderen tanzten im
Rhythmus, in dem sie die Farbdosen euphorisch wie
im Rausch gegen die Leitplanken trommelten. Etwas
weiter in einem Gebüsch lag der leere Benzinkanister. Erst jetzt bemerkte Eliza das gleißend helle Licht
am anderen Ende des Ackerfeldes, dort, wo der Bauernhof lodernd in blauen und gelben Flammen stand.

In Sues Wohnung war es nie dunkel. Sie wohnte an
der Peripherie der Stadt, und eine Leuchtreklame
am gegenüberliegenden Haus blinkte im Sekunden-
rhythmus abwechselnd rot und gelb ins Zimmer. Sue
hatte Eliza und George angeboten, bei ihr zu wohnen, bis sie etwas Eigenes gefunden hatten. Sie
schliefen zu dritt nebeneinander auf einer Matratze,
mitten im Zimmer auf dem Boden. Sue war froh, die
beiden bei sich zu haben. Sie kochte jeden Abend für
sie, während sie selbst nur Kindernahrung aus kleinen Gläsern zu sich nahm und Whisky mit Milch
trank. An den Wänden hingen überall Fotos ihres
Freundes und Zeitungsartikel über seinen Unfall.

George legte sich auf die Matratze und zappte im

Fernsehprogramm herum, während Sue Eliza in der Küche erzählte, was sie mit ihrem Freund alles unternommen hätte, wenn er nicht gestorben wäre.

»Eigentlich wollten wir eine Weltreise machen«, sagte sie und löffelte ihren Gemüsebrei.

»Wir hatten schon darüber gesprochen, die Reise im Süden zu beginnen. Aber das hätte ja sowieso nicht geklappt. Da ist jetzt Krieg.«

Sie drehte den Löffel so heftig im Mund herum, dass das Metall an ihre Zähne schlug.

»Ihr könnt hier bleiben, solange ihr wollt«, sagte Sue laut, damit George es hören konnte.

»Du bist großartig, Sue, ich bleibe für immer«, rief George aus dem Schlafzimmer zurück.

»Wir könnten eine Familie sein«, sagte Eliza und räumte den Tisch ab.

»Wir gehen alle arbeiten, und wenn wir genug Geld zusammenhaben, kaufen wir ein Haus.«

»Auf dem Goldhügel«, lachte Sue.

»Da komm ich gerade her, und kein Mensch auf der Welt bringt mich da wieder hin zurück. Da wohnt doch der letzte Dreck«, rief George empört.

»Die Reichen«, korrigierte Sue.

»Der letzte Dreck«, beharrte George und schaltete den Fernseher aus.

Sue wechselte abrupt das Thema. »Diese Idioten unter der Brücke haben dem Bauern einfach den Hof abgefackelt.«

»Sollen wir sie anzeigen?«

»Dann sind wir die nächsten, die sie anzünden«, sagte George und schaltete den Fernseher wieder an.

Jeden Morgen fuhr Sue mit dem Bus zum Flughafen, wo sie im Flughafenrestaurant als Küchenhilfe arbeitete. Der Weg zum Flughafen führte auf einer geraden Straße aus der Stadt, an Kiesgruben, Traktoren, Steinbrüchen und leer stehenden Wohnblocks vorbei. Manchmal träumte Sue von Landschaften, von feindseligen, bedrohlichen Orten. Von glitschigen Lehmböden, auf denen sie auf allen vieren vergeblich vorwärts zu kommen versuchte. Von Bäumen, die chaotisch in den Himmel wuchsen, alles zudeckten, und das Licht verschluckten.

Sie fuhr nicht wie die anderen mit dem Lift zum Restaurant hinauf, sondern nahm die Nottreppe. Sie postierte sich unten am Geländer, stellte sich vor, jemand sei hinter ihr her, der sie umbringen wollte, dann machte sie einen Satz und flüchtete, drei Stufen auf einmal nehmend, in den fünften Stock. Das war eines der Spiele, die sie sich ausgedacht hatte, um gegen die Leere anzukämpfen, die sich immer auftat, wenn sie zur Arbeit ging.

In dem so früh am Morgen noch verlassen wirkenden Restaurant saß die Kassiererin, kaute Fingernägel und las in einer Zeitung, die aufgeschlagen über der Kasse lag. In der kleinen Küche, in der Sue arbei-

93

tete, war kein Tageslicht. Nur eine Neonröhre flackerte und gab in regelmäßigen Abständen ein Knacken von sich. Sue putzte das Gemüse, das in großen Sieben bereitstand. Sie schnitt auch, was schon welk war und verdorben roch. Am ersten Arbeitstag hatte sie die Hälfte des Gemüses in den Abfalleimer geschmissen, weil es schon angefault war, als der Koch sie unter Flüchen hieß, alles wieder herauszunehmen und zu waschen. »Hier wird nichts fortgeschmissen«, hatte er sie angeherrscht und dann das Gemüse so lange gewürzt, bis der faulige Geruch übertüncht war. Sie stampfte manchmal mit dem Fuß auf, das schwache gelbe Licht ermüdete sie, und nur die Geräusche, die sie machte, gaben ihr die Gewissheit, überhaupt da zu sein. Pünktlich um halb zehn kam der Koch zur Tür herein, aber Sue bemerkte ihn nie, weil er nichts sagte und sich lautlos bewegte. Erst mit Verspätung spürte sie, dass jemand hinter ihr stand, und sie zuckte jedes Mal vor Schreck zusammen. Die ersten Male hatte sie sogar einen kurzen Schrei ausgestoßen, aber der Koch verzog keine Miene, als hätte sie aus einem Grund geschrien, der nichts mit ihm zu tun hatte, und ihr das Gefühl gab, dass mit ihr etwas nicht ganz stimmte.

Abends saugte sie im Esssaal mit dem Staubsauger die Brotkrümel unter den Tischen und die abgebissenen Fingernägel der Kassiererin neben der Kasse vom Teppich und war überzeugt, dass der Koch sie hasste. Sie war darüber niedergeschlagen, und sie nahm sich vor, ihn am nächsten Tag zu fragen, warum, aber sie tat es dann doch nicht. Schließlich beschloss sie, ihn zu behandeln wie Luft.

Es war an einem Samstagmorgen, als alle drei noch schliefen. Sie wollten an diesem Morgen gemeinsam an einen nahe gelegenen See zum Schwimmen gehen. George lag in der Mitte der Matratze, links und rechts neben seinem Kopf waren die Füße von Eliza und Sue. Er weckte die Mädchen, indem er ihnen sanft in die Zehen biss. Durch die Jalousien drangen die ersten hellen Lichtstreifen eines sonnigen Tages. Das Klingeln kam in kurzen ungeduldigen Abständen. Sue sprang fluchend aus dem Bett. Barfuß, in einem bis zu den Knien reichenden T-Shirt, öffnete sie die Tür. Die zwei Männer fragten nach George Rosenberg. »Er schläft noch«, sagte Sue und wollte die Tür wieder schließen. Wenige Minuten später hatten die beiden Polizisten George mitgenommen.

Es war der erste Tag seit Georges Verschwinden, an dem Eliza wieder Nahrung zu sich nahm. Tagelang hatte Sue verzweifelt gekocht, Suppen und Breie ans Bett getragen. Das Essen erkaltete unberührt neben Eliza, aber Sue kochte unbeirrt weiter.

Der Tag war eine unendlich weite Strecke, die es zu überwinden galt. Eliza zerstückelte den Tag in

Schlaf. Wenn sie erwachte, torkelte sie in die Küche, trank ein Glas Wasser und legte sich gleich wieder ins Bett. Sie erkannte das Licht hinter den Jalousien, das abwechselnd rote und gelbe Zucken der Leuchtreklame. Eliza unterschied nur noch in Tag und Nacht. Die einzelnen Stunden verschwanden im Schlaf, die Zeit rollte sich auf. Nur wenn Sue mit dampfenden Tellern erschien, wusste Eliza, dass Abend sein musste. Manchmal bemerkte sie Sues Körper neben sich. Sue kam und ging in regelmäßigen Abständen, einer für Eliza unbegreiflichen sinnlosen Ordnung folgend. Das Knallen durchbrechender Schallmauern ließ beide mitten in der Nacht gleichzeitig aufschrecken. »Es ist nichts«, sagte Sue dann und hielt Eliza schützend die Ohren zu.

Im Halbschlaf hörte Eliza tagsüber aus der Ferne manchmal eine Stimme. Ein Telefon klingelte. Eine Tür schlug zu. Sie spähte aus zusammengekniffenen Augen um sich. Teller und Schüssel standen wie von weit her angeschwemmt neben ihrer Bettinsel. Wenn Sue von der Arbeit nach Hause kam, ging sie geradewegs in die Küche, kochte und trank Whisky mit Milch aus großen Gläsern. Sie wechselte das kalte Essen neben dem Bett gegen warmes aus, streifte mit ihrem Blick die Fotos ihres verstorbenen Freundes an der Wand und streute in Gedanken an vorbeiziehende Vogelschwärme Brotkrumen auf das Fensterbrett.

Am späten Nachmittag öffnete Eliza die Augen. Die Sonne schien hell ins Zimmer. Der Fernseher lief, die Farben auf dem Bildschirm waren blass und blendeten gleichzeitig.

Aus der Küche roch es nach Kuchen und frischem Brot. Eliza schlug das Laken zurück und stand auf. Sue war in der Küche und deckte betrunken den Tisch. Überall in der Küche verteilt waren leere Gläser.

Auf dem Tisch stand ein Geburtstagskuchen mit neunzehn Kerzen, die schon fast abgebrannt waren, auf dem Kuchen hatten sich winzige Wachstropfen gebildet. Eliza beugte sich über den Tisch und blies die Kerzen aus.

Sie saßen in der kleinen Küche wie Hamster in ihrem Bau, aßen den ganzen, noch warmen Kuchen mit den Händen, brachen Stücke ab und tupften die letzten Krumen mit feuchten Fingern vom Tisch.

Sue hatte das Geschenk auf dem Boden ausgebreitet. Eliza blickte verwundert auf zwei Taucheranzüge, Flossen, Handlampen, Sauerstoffflaschen.

»Die Tauchausrüstung meines Freundes gehört jetzt dir. Ich werde dir das Tauchen beibringen.«

In der Dämmerung stand Eliza im Neoprenanzug, das Tauchgerät wie einen Rucksack umgeschnallt, auf dem Steg. Der Mond schwamm als ein kleiner heller Kreis im Wasser. Eliza konzentrierte sich auf den glitzernden Punkt, drehte sich herum und ließ sich rückwärts direkt in den Mond fallen, der an der Wasseroberfläche über ihr zersplitterte.

Das röchelnde saugende Geräusch des Atems und das rasende Rauschen des Blutes in den Ohren, fand sie im Lichtkegel der Handlampe Sue. Sie klammerte sich an der mit Moos bewachsenen Felswand fest. Ein Schwarm kleiner brauner Fische schoss aus einer Maueröffnung, verschwand dicht vor dem Glas ihrer Taucherbrille im Schatten. Sue deutete nach unten. Dann tauchten sie, einen Arm eng an den Körper gelegt, mit dem anderen in die trübe Tiefe leuchtend. Die Felswand hinter ihnen war die einzige Verbindung zum Boden, ein glitschiger Rücken, den sie allmählich hinter sich ließen und vergaßen, wie auch *Oben* und *Unten* mit jedem Meter, den sie weiter in den dunklen See drangen, mehr und mehr in der Bedeutungslosigkeit versanken. Ihre Handlampen schnitten zwei Lichtkegel ins schwarze Wasser. Der See schlief, nur Eliza und Sue schienen sich jetzt noch in ihm zu bewegen, sie leuchteten sich gegenseitig an und lachten, dass aus ihren Mündern die Luftblasen wie bizarre Gewächse heraussprudelten. Eliza stellte sich vor, sie seien zwei Planeten, jeder auf seiner Umlaufbahn den anderen umkreisend. Dann tauchten sie rasch nebeneinander weiter, konnten es kaum erwarten, auf den Grund zu kommen. Die letzten Meter stürzten sie mit heftigen

Flossenbewegungen auf den Boden zu. Sie landeten mit ausgestreckten Armen, und beim Auftreffen der Handflächen wirbelte der Sand auf, hüllte sie in eine Wolke, als pruste ihnen der See seinen Atem entgegen. Bäuchlings legten sie sich ins Seegras und schalteten auf Sues Handzeichen hin gleichzeitig die Handlampen aus.

In Elizas Vorstellung war der Seegrund eine Hautschicht. Sie bohrte ihre Finger hinein, um sich darin festzuklammern, legte ihren Kopf in ein Algenbüschel und wartete auf die Bilder, die immer kamen, wenn sie hier unten im vollkommenen Dunkel lag. Sie sah sich selbst auf dem Goldhügel, unter den Kastanien hindurchrennen, in die Kirche hinein zu den steinernen Figuren, die ihre Freunde gewesen waren. Sie sah die singenden Kinder in der Aula des Waisenhauses, deren Brustkörper sich in der Hoffnung, mitgenommen zu werden, auf und ab senkten. Das Muschelhorn in Augustas alten Händen, das Blut auf dem Laken in Herrn Rosenbergs Bett. Irgendwo musste George jetzt sein, dachte sie, aber sie konnte nur sein Zimmer sehen und sich selbst, wie sie damals darin herumgeschlichen war, verliebt in die Leere dort. Sie dachte an die Fotos in seiner Schublade und daran, dass diese Fotos nicht in diese Schublade gehörten und ebenso wie diese Fotos auch sonst nichts da war, wo es hingehörte, während

Herr Rosenberg in seinem Arbeitszimmer saß und fremden Leuten das Reden beibrachte.

Es war Sue, die das Licht wieder anknipste. Sue nahm Eliza an der Hand und tauchte mit ihr hoch. Sie wussten beide, dass Eliza alleine nicht mehr hinaufkommen würde.

Die psychiatrische Klinik für Jugendliche, in die George Rosenberg eingewiesen worden war, lag im Süden der Stadt. Das Gebäude war erst vor einem halben Jahr eingeweiht worden, die größte Anstalt weit und breit. Der anthrazitfarbene Rundbau wirkte wie eine Raumkapsel inmitten der Geschäftshäuser und Wohngebäude, und manchmal blieben davor Touristen stehen, um den preisgekrönten Bau zu fotografieren.

Durch eine gläserne Drehtür traten Eliza und Sue in die große Empfangshalle für Besucher. Der Raum war durch unzählige kleine, von der Decke hängende Halogenlampen hell ausgeleuchtet. Der marmorne Boden glänzte, und die Schritte darauf klangen laut und hohl, sodass Sue und Eliza unvermittelt leiser gingen, fast schlichen, sich vorsichtig auf Zehenspitzen auf den Empfangsschalter zubewegten. Hinter einer Glasscheibe saß eine Frau vor einem Bildschirm, und Eliza fragte nach George Rosenberg. Die Antwort kam verzerrt durch einen Lautsprecher zurück: »George Rosenberg hat die strikte Anweisung gegeben, dass er niemanden sehen will«, sagte die Frau und wandte sich wieder dem Bildschirm zu. Sue und Eliza kehrten um, und als sie durch die Drehtür gingen, kam ihnen von der Straße langsam schlurfend Ramon entgegen. »Vergiss es. Er will niemanden sehen«, riefen Eliza und Sue gleichzeitig.

»Ich hab darüber in der Zeitung gelesen, dass der Sohn der berühmten Maria Rosenberg einen Zusammenbruch hatte. Ich dachte, er würde sich über einen Besuch freuen«, sagte Ramon.

Vor einer Apotheke bat er Sue und Eliza, kurz zu warten, weil er für seinen Vater ein Rezept einzulösen hatte. Dann gingen sie zu dritt weiter. Da sie eigentlich alle hatten George besuchen wollen, war ein Loch in der Zeit entstanden, und keiner von ihnen hatte an diesem Nachmittag noch ein bestimmtes Ziel. Auf einem Platz war eine Gruppe junger Menschen versammelt, die auf einer provisorisch errichteten Bühne Lieder für eine Sekte sang.

»Die singen schön«, sagte Ramon.

»Sind auch nur Verbrecher«, antwortete Sue gelangweilt.

»Ich weiß, aber sie singen trotzdem schön.«

Sie blieben eine Weile vor der Bühne stehen, weil Ramon zuhören wollte.

Hinter der singenden Gruppe ragte ein hohes Gerüst auf, mit riesigen Kinoleinwänden. Gleichzeitig wurden dort fünf verschiedene Videoclips gezeigt, auf einer der Leinwände liefen gerade die Nachrichten. Ein paar Sekunden lang sahen sie eine Menschenmasse in abgerissenen Kleidern zu Fuß mit Bündeln und Karren einen Weg entlanggehen.

»Ist das da, wo der Krieg ist?«, fragte Eliza.

»Nein, das sind die Flüchtlinge«, antwortete Ramon.

»Na also, das ist da, wo der Krieg ist.«

»Nein, da ist er eben nicht mehr. Das sind die Flüchtlinge, und die sind logischerweise da, wo der Krieg nicht mehr ist.«

»Wo sind sie dann?«

»Unterwegs halt, sie flüchten.«

»Wohin?«

»Was weiß ich, in die Berge wahrscheinlich. Sie flüchten zu Fuß über die Berge in ein anderes Land. Der Krieg hat sich in den Osten verlagert.«

»Was für ein Krieg eigentlich, verdammt noch mal. Ich weiß gar nicht, was eigentlich hier los ist«, sagte Sue ungeduldig.

»Dann mach doch deine Augen auf«, erwiderte Ramon verärgert und zeigte auf die Leinwand. Und als bedaure er die Heftigkeit seines Tonfalls, fügte er versöhnlich hinzu: »Aber eigentlich haben wir ja nichts damit zu tun.«

»Dann möchte ich wissen, warum die dauernd mit ihren Flugzeugen über unseren Himmel fliegen. Ich wache jede Nacht davon auf.«

»Der Himmel gehört eben allen. Da kann man nichts machen«, zuckte Ramon mit den Achseln. Darauf verabschiedete er sich, und Sue und Eliza sahen ihm nach, wie er vor der Bühne der singenden Sekte noch einmal kurz stehen blieb, zögernd, als wolle er etwas fragen, und dann langsam humpelnd, sein Bein nachziehend, über die Straße ging und hinter einer Hausecke verschwand.

Ramon lag in seinem Zimmer auf dem Bett. Der kleine harte Gummiball schlug, bum, gegen die Schranktür, sprang auf den Boden, tschak, in seine Hand. Immer im gleichen Rhythmus gegen die Schranktür, bum, tschak, in seine Hand. Vor der verschlossenen Zimmertür rief ihn sein Vater, schrie, fluchte. Er hatte ihm das Schmerzmittel aus der Hand geschlagen. »Du hast das Falsche gebracht!«, hatte er ihn angeschrien. Dabei hatte er in der Apotheke doch nur das Rezept vorgelegt, das sein Vater ihm mitgegeben hatte, aber Ramon bringt immer das Falsche. Vater hatte schon zuschlagen wollen, aber Ramon war in sein Zimmer gerannt und hatte die Tür verriegelt. Der Ball schlug gegen die Schranktür, bum, auf den Boden, tschak, in seine Hand. Der Vater trommelte gegen die Tür. Aber Ramon machte die Tür nicht auf, er lag auf seinem Bett, warf den Gummiball gegen die Schranktür. Bum, tschak. Sollte er schreien vor seiner Tür, sollte er doch die eigene Wohnung zertrümmern. Als Kind hatte er ihn schon die Treppe runtergeworfen, davon war sein linkes Bein gelähmt. Nein, die Tür zu seinem Zimmer macht er nicht wieder auf. Der kleine Ball sprang in seine geöffnete Hand, er umschloss ihn, warf den Ball weg, fing ihn auf, warf ihn weg.

Vor dem Fensterrechteck zogen Vögel vorbei. Irgendwo da draußen muss auch mein Mädchen Chris sein, dachte Ramon. Er hatte ihren Namen in seinen Arm geritzt, jeden Buchstaben ihres Namens mit roter Farbe in seine Poren eingelassen. Wenn sie nur wüsste, dachte Ramon, während er den Ball wegwarf und wieder auffing, wenn sie nur wüsste. Aber Chris weiß nichts, ist irgendwo da draußen und weiß nichts, kennt ihn nicht, ihn, Ramon, den Rosenmann. Aber er wird Chris finden, eines Tages wird er sie finden. Ihr Name ist bereits in seinen Arm geritzt. Neben ihrem Namen ist eine kleine Rose. Während er die Blütenblätter auf seiner Haut formte, jeder Stich ein kurzer brennender Schmerz, hatte Ramon an sie gedacht, hatte an Chris gedacht, die nichts weiß, ihn nicht kennt. Wenn ich dich finde, dachte Ramon, während sein Vater gegen die Tür trommelte, werde ich den ganzen Arm mit Rosen zudecken und das lahme Bein auch, den ganzen Körper mit Rosen zudecken.

Seit Wochen wohnten Eliza und Sue zusammen. Teilten Bett, Küche und Bad. Abends stieg der Dampf in der Küche auf, wenn Sue kochte. Eliza saß am Tisch und schrieb Briefe an George. Aber sobald sie einen Brief zu Ende geschrieben hatte, zerriss sie ihn und fing einen neuen an.

»Wenn er keinen Besuch empfängt, will er auch keinen Brief«, sagte sie, während sie zu schreiben begann.

»Einen Brief kannst du ihm trotzdem schicken«, kam Sues Stimme aus dem Dampf.

»Und wenn er ihn fortwirft?«

»Dann wirft er ihn fort.«

Sue trat mit Schüsseln und Tellern an den Tisch, und Eliza legte das Papier weg.

»Irgendwie siehst du aus wie eine richtige Mutter«, sagte Eliza.

Und dann aßen sie, sich gegenüber sitzend, tauschten ihre Teller aus und tranken aus demselben Glas. Sie hatten sich angewöhnt, zusammen aus einem Glas zu trinken, und das Glas stand als ein Zeichen der Freundschaft zwischen ihnen. Eliza kam es vernünftig vor, wie etwas, das es zu erhalten galt, und sie überlegte, dass sie sich wie Vögel benahmen, die Zweige und Äste sammeln, um sich ein Nest zu bauen.

Schon von weitem sah Eliza die Leute vor dem Arbeitsamt zusammenlaufen. Es gingen immer mehr Menschen in den Warteraum hinein als herauskamen. Eliza stellte sich hinten in die Reihe. Es roch nach feuchten Kleidern und klebriger Haut, und einige fächelten sich mit ihrer Stempelkarte Luft zu. Neben der Tür, die ins Sprechzimmer führte, stand ein Stuhl, auf dem derjenige saß, der als Nächster dran war. Wie zum Absprung bereit, saß dort ein junger Mann, und als die Tür sich öffnete und das Lämpchen über der Eingangstür von Rot auf Grün wechselte, strich er sich mit der Hand durchs Haar, als wolle er sich vergewissern, dass es noch da sei, und ging hinein.

Der Mann hinter dem Besprechungstisch blickte Eliza mit einem Ausdruck von Mitleid und Verärgerung an. Dann wühlte er in Unterlagen, legte einen Papierstapel auf einen anderen, zog aus einer Schublade eine abgegriffene Karteikarte hervor und sagte feststellend mehr zu sich selbst: »Sie haben das Minimum an Schulausbildung und ein Zeugnis, das eine frühe Sprachstörung belegt. Wenn Sie damit noch immer Schwierigkeiten hätten, könnte ich Ihnen dafür eine Rente zukommen lassen, aber da Sie Ihre Behinderung mittlerweile überwunden haben ...«

Er ließ den Satz unvollendet und wandte sich plötzlich dem Computerbildschirm zu, der auf einem Schwenkarm am Tisch befestigt war.

Eliza glaubte, er würde etwas suchen und rufe auf dem Computer Möglichkeiten für sie ab. Er tippte schnell und konzentriert auf die Tastatur und sagte ungeduldig, als sei er überrascht, dass sie immer noch da saß: »Ich kann Ihnen im Augenblick wirklich nicht weiterhelfen, kommen Sie nächste Woche wieder.«

Der Warteraum hatte sich inzwischen noch mehr gefüllt, die Leute drückten sich an die Wände, draußen vor dem Eingang stand rauchend eine Gruppe junger Frauen, die gerade über irgendetwas lachten, und Eliza eilte davon, als lachten sie ihretwegen.

Die Menschen hasteten vor Hitze gebückt die Schatten entlang, die die Hochhäuser auf die Straße warfen. Elizas Absätze sanken in den von der Sonne aufgeweichten Asphalt, überall waren Schlaglöcher im Boden, und sie suchte, den Kopf konzentriert auf den Boden gerichtet, nach ebenen Stellen. Von irgendwo vernahm sie ein Singen, das selbstvergessene inbrünstige Singen von Kindern, und sie blickte um sich, als suche sie das alte Gebäude mit den spitz zulaufenden Fenstern.

Eliza beschloss, zur Klinik zu gehen, in der sich George aufhielt. Sie sah das anthrazitfarbene Gebäude als einen Trichter vor sich, einen Trichter, der alles verschluckte, was die Stadt nicht auf der Straße haben wollte.

Sie nahm den Bus Richtung Süden und setzte sich auf die hinterste Bank. Ein junger Mann blickte wie ein beutesuchender Vogel über die Köpfe der Leute, torkelte nach vorn, wo der Chauffeur saß, und wechselte mit ihm heftig gestikulierend durch die getönte Glasscheibe hindurch ein paar unverständliche Worte. Als er umkehrte, sich abwechselnd links und rechts an den Sitzstangen fest hielt und schwankend direkt auf Eliza zuging, drehten die Leute die Köpfe nach ihm um. Niemand schien verpassen zu wollen, ihn stolpern und hinfallen zu sehen. Als er mit seinen mageren Beinen vor ihr stand, fragte er, ob sie Geld für ihn habe, damit er sich etwas zu essen kaufen könne. Eliza gab ihm schnell einen Geldschein, ohne ihn anzublicken. Er steckte den Schein ein und stieg an der nächsten Station aus. Eliza wandte sich auf dem Sitz um und blickte ihm nach. Mitten auf der Straße blieb er stehen und sah durch die Scheibe zu ihr hoch. Er öffnete seine eingetrockneten Lippen zu einem Fluch, den niemand hören konnte, ballte seine Hand, hob sie, eine zitternde verlorene Faust, gegen den davonfahrenden Bus.

Eliza starrte zu den vergitterten Fensterschlitzen der Anstalt hoch. Dunkel stand das Gebäude in der Sonne, sie ging um es herum, wie ein Tier seinen Bau umschleicht. In der Empfangshalle erkundigte sie sich schließlich, ob man Briefe und Pakete für Patienten hier abgeben könne. Die Frau hinter der

Glasscheibe erklärte ihr, das sei üblich, sämtliche Briefe würden von einer Kontrollbehörde gelesen und Pakete geöffnet. Durch den Lautsprecher klang ihre Stimme wie von weit her, was auf Eliza den Eindruck machte, die Frau hinter dem Glas und die Stimme seien zwei unabhängig voneinander existierende Wesen, die gar nicht zusammengehörten.

Sue stand im gelblichen Neonlicht in der Restaurantküche und putzte Gemüse. Sie trank jetzt auch ungehemmt während der Arbeit aus ihrem Flachmann Whisky mit Milch.

»Solange du dir nicht die Finger abhackst, kannst du machen, was du willst«, hatte der Koch gesagt, als er einmal unerwartet hereinkam und sie dabei erwischte, wie sie schnell ihren Flachmann zuschraubte und in der Brusttasche ihres Hemdes verschwinden ließ.

In der Pause setzte sich Sue ins Restaurant an die Fensterfront, von wo sie dem Landen und Abheben der Flugzeuge zuschauen konnte. Unzählige Male hatte sie schon beobachtet, wie die Menschen in einem dieser kleinen Busse zu ihrem Flugzeug gebracht wurden, und sich dabei gewünscht, einer von ihnen zu sein. Sie hatte sie die Gangway entlanggehen sehen und dann hinter der aufgeklappten Passagiertür wie in einem Tierbauch verschwinden. Und als die Tür geschlossen wurde und das Flugzeug langsam auf die Startbahn zurollte, dachte sie an die Menschen hinter dem schmalen Band aus lauter kleinen Fenstern und dass sie alle einen Namen hatten, einen Pass und ein Ziel. Als das Flugzeug abhob, die Räder noch einen Augenblick in der Luft schwebten, bis es auch diese einzog, wie ein Mensch seine eben noch ausgestreckte Hand zurückzieht, fühlte sie sich auf seltsame Weise verlassen. Zurück in der Küche, wo sie überreife Tomaten in kleine Würfel schnitt, war sie von dem Gefühl beherrscht, dass, egal wer diese Menschen auch waren und was sie taten, sie allein durch den Umstand, dass sie da oben einen Platz in einem Flugzeug hatten, im Recht waren.

Er saß schon zum dritten Mal innerhalb einer Woche während ihrer Mittagspause an einem der hinteren Tische. Sue platzierte sich jedes Mal so, dass sie ihn betrachten konnte. Er hatte einen nervösen Blick, blätterte andauernd in einem Adressbuch und telefonierte, sprach kurze, hastig aufeinander folgende Sätze in den Hörer. Dabei streifte er von Zeit zu Zeit ihren Blick und lachte Sue unerschrocken über die Distanz von zehn Tischen hinweg an, als führe er mit der Person am anderen Ende der Leitung ein Gespräch, das sie selbstverständlich mit einbezog.

Sue wollte gerade wieder in die Küche zurück, als er sie am Ärmel ihres Hemdes fest hielt und sagte:

»Eigentlich sehen Sie viel zu gut aus, um hier hinten in der Küche zu stehen, wo sie kein Mensch sehen kann.«

In einem kleinen Wagen mit lautem Motor erzählte ihr Phil, er sei Fotograf und arbeite gerade an einem Katalog, suche noch nach geeigneten Modellen, und sie sei möglicherweise genau die richtige Person.

Er führte sie in ein Lokal in der Stadt, in dem sie rohen Fisch aßen und Sue Whisky mit Milch bestellte, was er neurotisch, aber interessant fand.

Nach dem Essen fuhr er sie nach Hause und gab ihr seine Karte, als sie aus dem Wagen stieg.

Die Karte lag auf dem Tisch wie ein Eindringling. Sue umkreiste sie unaufhörlich und starrte darauf. Seit Sue nach Hause gekommen war, hatte sie von nichts anderem geredet, der Name *Phil* fiel unzählige Male. Das Wort war in der ganzen Wohnung, Eliza konnte es nicht mehr hören, und es nervte sie, dass Sue so aufgeregt war und nicht aufhören konnte, auf die Karte zu starren.

»Soll ich anrufen?«

»Ruf an«, sagte Eliza, sie hätte es idiotisch gefunden, das Gegenteil zu sagen, obwohl sie nicht wollte, dass Sue anrief.

»Ehrlich gesagt, er sah aus wie ein Spinner.«

»Ruf endlich an und nerv mich nicht länger.«

»Ich kann nicht, ich schmeiß die Karte weg und vergesse es.«

»Du wirst es nicht vergessen.«

»Vielleicht ist er ein Mörder, der sich nur als Fotograf tarnt.«

Eliza lachte: »Ruf an und find's heraus.«

»Du bist gemein«, sagte Sue schmollend.

»*Du* hast die Karte mitgebracht, nicht ich.«

»Er hat mich zum Essen eingeladen. Ich rufe an und bedanke mich einfach für die Einladung.«

»Das macht keinen Sinn. Er will was anderes.«

»Er will Fotos machen.«

»Kannst dir ja vorstellen, was für welche.«

»Nein, kann ich mir nicht.«

»Dann ruf an.«

Sue ging zum Telefon und rief an.

In der Küche stellte Eliza unnötig Geschirr zusammen. Sie hörte Sues helle Stimme aus dem Schlafzimmer, drehte den Hahn auf, ließ Wasser in ein Glas laufen und beobachtete, wie es über den Rand sprudelte. Sie hörte, dass Sue aufhängte und zurückkam. Sie sagte nichts.

»Und?«, fragte Eliza, so gleichgültig wie möglich.

»Ich habe einen Termin nächsten Montag. Probeaufnahmen«, antwortete sie ruhig.

»Mit einem Mörder, der sich als Fotograf tarnt?«

»Hör schon auf. Ich habe ihm gesagt, dass du mitkommst.«

Sue steckte die Karte ein, und sie sprachen nicht mehr darüber.

Je näher der Tag rückte, um so mehr trieben sie auseinander.

Eliza schlug vor, an den See zum Nachttauchen zu fahren, aber Sue sagte, sie habe keine Lust. »Dann muss ich dich nur wieder hochziehen, weil du da unten immer sterben willst.«

Morgens stand sie auf, schimpfte über den Koch und ging widerwillig zur Arbeit an den Flughafen.

Am Sonntag stiegen sie auf Georges Motorrad, das sie scherzhaft als sein *bescheidenes Erbe* bezeichneten, und rasten zum städtischen Schwimmbad. Dort suchten sie nach dem Schwimmbecken, an dem die wenigsten Leute waren. Mehr als einmal waren sie schon aufgefordert worden, ihr makaberes Spiel woanders aufzuführen. Eliza setzte sich mit der Stoppuhr an den Poolrand und wartete, bis Sue ins Wasser sprang. Ihr langes Haar breitete sich aus, wölbte sich wie ein Schirm.

Unter Wasser sperrte Sue die Augen auf, strampelte wie eine Ertrinkende mit Armen und Beinen. Die ausgestoßene Luft stieg in unzähligen Blasen aus dem weit geöffneten Mund.

Dann senkte Sue den Kopf so, dass Eliza ihr Gesicht nicht mehr erkennen konnte. Langsam trieb sie, beide Arme zur Seite gestreckt, an der Oberfläche. Nur der obere Teil des Hinterkopfes ragte noch wie eine kleine Insel aus dem Wasser. Der Körper und die Haare wurden hin und her bewegt.

Eliza zuckte zusammen, als Sue prustend den Kopf zurückwarf.

»Ophelia war nichts dagegen«, sagte Eliza und blickte auf die Stoppuhr.

»Dreiunddreißig Sekunden.« Sue stieg mit blauen zitternden Lippen aus dem Wasser, legte sich neben das Becken auf den Backsteinboden und schloss die Augen. Erst jetzt spürte sie ihr Herz schlagen und ein leises Pfeifen, ganz hinten im Trommelfell. Erschrocken riss sie die Augen auf, als eine Schar Kinder laut kreischend vor ihr ins Becken sprang. Sie beobachtete, wie die Jungen die Köpfe der um sich schlagenden Mädchen unter Wasser drückten. Als sie genug davon hatten und wieder herauskamen, legten sich alle auf den warmen Backsteinboden. Kurz darauf rannten sie weg, und dort, wo sie gelegen hatten, blieben die dunklen Flecken zurück, die ihre Körper hinterlassen hatten. Sue schaute zu, wie die Abdrücke der Kinderkörper langsam trockneten. Wie die Sonne vom Rand her die Abdrücke schrumpfen ließ. Immer unkenntlicher machte, die Feuchtigkeit aus dem Stein heraussog, bis nichts mehr davon übrig blieb.

Sue kicherte auf einer kaum hörbaren Frequenz, eine Ameise kroch ihr in die Kniekehle. Sie lag auf einer Waldlichtung im Gras. Sie trug ein kariertes College-Röckchen, ein T-Shirt, das hochgerutscht war und ihren Bauch freilegte, weiße abgerollte Kniestrümpfe, das rechte Bein wie gewaltsam verrenkt. Die schwarzen Lackschuhe lagen etwas abseits, hingeworfen im Gras. Das Licht der Lampen brannte heiß auf ihr bleich geschminktes Gesicht.

Eliza saß auf einem Baumstumpf am Waldrand, von dem aus sie die Szene beobachten konnte. Phil ging um Sue herum, um sie von allen Seiten zu fotografieren, während der Assistent, ein junger Mensch in Turnschuhen, die Lampen verstellte, hin und wieder an Sues Haaren zupfte und ihr Gesicht puderte, damit es nicht glänzte.

»Alles in Ordnung?«, fragte Phil. »Wir sind gleich fertig.«

»Ja. Aber eine Ameise kitzelt.«

»Du bist ein Vergewaltigungsopfer, mein Kind. Keine Ameise der Welt kann dich jetzt noch kitzeln.«

Sie mussten lachen, einschließlich Sue, die auf dem Boden lag. Eliza sah hoch über ihnen zwei Bussarde in Richtung Wald fliegen.

»Sei still, beweg dich nicht, du siehst perfekt aus«, sagte Phil und knipste den Film leer.

Später half Eliza, die Lampen ins Auto zu tragen, während Sue sich mit Hilfe eines kleinen Taschenspiegels abschminkte.

Eliza und Sue saßen auf dem Rücksitz, so weit

auseinander wie möglich. Jede auf ihrer Seite aus dem Fenster blickend.

»Die beiden sehen nicht so aus, als ob sie in ihrem Leben schon viel Spaß gehabt hätten«, sagte Phil zu dem Assistenten. Er nickte ihm abwesend zu und telefonierte gleichzeitig.

»Für eine Kleiderfirma«, sagte er in den Hörer. »Eine Kampagne *Mode zum Sterben schön* oder irgend so was Ähnliches. Wir brauchen noch eine Ertrunkene, eine Erwürgte und eine Drogentote. Nein, das weiß ich wirklich nicht, frag doch die Rosenberg selbst.« Dann gab er eine Nummer durch und legte auf.

»Wer ist *die Rosenberg?*« fragte Eliza, aus dem Fenster in die vorbeifliegende Landschaft starrend.

»Maria Rosenberg ist die Frau, die ein Modeimperium unter sich hat und für die wir hier alle gerade arbeiten.«

Sie saßen zu dritt an einem kleinen runden Tisch in einem Straßencafé. Der Assistent hatte sich bereits verabschiedet, der Kellner die Teller abgeräumt. Eliza zerstieß mit einem Strohhalm das letzte Eis im Glas und merkte, dass sie störte. Phil hielt Sues Hand in der seinen und erklärte, er müsse nächste Woche in den Süden fliegen, in die ausgebombten Städte, um dort die Kampagne für Militärkleider zu fotografieren.

»Ist das nicht gefährlich?«, fragte Sue.

»Nein, meinst du, sonst würde ich hingehen? Da ist sowieso alles schon kaputt. Der Krieg ist jetzt mehr im Osten«, sagte er und trank sein Glas leer.

»Ist die immer so stumm?«, fragte Phil Sue zugewandt, als wäre Eliza außerstande, für sich selbst zu sprechen.

»Eliza ist meine FreundinSchwesterSchwesterTochter. Lass sie in Ruhe.«

Eliza schwieg und stocherte im Eis.

Der Abend hatte keine Kühlung gebracht. Die Hitze hatte sich an Elizas Körper festgeklammert. Sie fuhr sich immer wieder mit der Hand über den Arm oder übers Gesicht, als ob sie die Hitze wegwischen wollte. Obwohl es schon spät war, strömten hunderte von Menschen an ihnen vorbei, niemand schien zu schlafen. Wenn das Knallen der Flugzeuge die Luft in Stücke zu brechen schien, blieben manchmal Leute stehen und blickten in den Himmel, ohne etwas zu sehen. Noch Minuten danach vibrierte die Luft wie nach einem heftigen Schlag.

In der Ferne hoben sich die Säulen der Geschäftshäuser hell vom Schwarz der Nacht ab. Irgendwo da draußen war auch Maria Rosenbergs Atelier, ein kleines erleuchtetes Fenster. Eliza biss auf ein Eisstück, und ein paar Sekunden später, erst als sie es schon geschluckt hatte, fühlte sie den kurzen ziehenden Schmerz in den Zähnen.

Sue und Eliza hatten nicht miteinander gesprochen, seit sie im Morgengrauen aus Phils Auto gestiegen und in ihre Wohnung zurückgekehrt waren. Sie konnten beide nicht schlafen. Eliza saß am Tisch und versuchte, einen Brief an George zu schreiben. Den sie jeweils nach wenigen Sätzen zerknüllte. Überall auf dem Holzboden lagen Papierknäuel. Sue ging rauchend in der Wohnung auf und ab, kickte das Papier vor ihren Füßen her.

»Hör auf damit.«

Eliza zerknüllte wieder ein Blatt und warf es hinter sich.

»Hör auf, neurotisch zu sein.«

Eliza wandte sich Sue zu und sperrte den Mund auf.

»Ist doch nicht meine Schuld, dass ausgerechnet er für Maria Rosenberg arbeitet. Alle arbeiten für irgendjemanden«, sagte Sue und zuckte wie entschuldigend mit den Achseln.

Eliza drehte sich wieder zum Tisch, schrieb: »Lieber George«, riss das Blatt vom Block und warf es hinter sich.

Sue fing an, die Fotos ihres verstorbenen Freundes von der Wand abzuhängen.

Kurz vor Mittag fragte Eliza: »Wirst du gehen?«
»Ich werde gehen.«

Eliza legte den Stift beiseite.

»Es Essss ist widerlich. Es ist ist zummm Kotzen.«

»Ein Leben lang Gemüse schneiden und dauernd Leute vor der Nase haben, die um die Welt reisen, ist auch zum Kotzen. Geh arbeiten, dann weißt du Bescheid. Und hör auf zu stottern, das macht mich krank«, sagte Sue, ging ins Schlafzimmer, warf sich mit den Kleidern aufs Bett, schloss die Augen und versuchte zu schlafen.

Herr Rosenberg saß im Zimmer seines Sohnes auf der Bettkante und betrachtete das Poster mit der Satellitenaufnahme des Mondes an der Wand. In den Händen hielt er einen Stapel mit Fotos. Maria als Schulmädchen in einem karierten Röckchen und weißen Kniestrümpfen, Maria, siebzehnjährig, auf einem Fahrrad mit fliegendem Haar einen Hügel hinunterfahrend, Maria, zwanzigjährig, den Kopf über der Schulter, den Blick zurück, wie ein Star posierend. Ein Foto hatte ihn verwirrt, es zeigte Maria auf ihrer Hochzeitsreise in einem weißen Kleid und mit Sommerhut auf den Stufen eines Landhauses zwischen den Säulen eines Portikus stehend. Er erinnerte sich, dass sie damals die Stufen hochgesprungen war und ihm zugerufen hatte, wie sehr sie sich genau so ein Haus wie dieses hier wünsche. Am unteren Ende des Bildes war ein Stück in einer exakten sauberen Linie weggeschnitten. Das Foto war gewellt, als wäre Flüssigkeit darüber gelaufen.

Herr Rosenberg stand auf, ging in die Küche, warf

die Fotos in das Spülbecken und zündete sie an. Sie krümmten sich knisternd in den Flammen, die Hitze verbog das Papier, als bäume es sich auf, bevor es zu Asche zerfiel. Er blickte auf die grauen Aschehügel, müde und für einen kurzen Augenblick erleichtert, dann spülte er mit einem entschlossenen Handgriff die Asche weg und ging in sein Arbeitszimmer. Auf dem Tisch lagen Zeitungsartikel, die über den Fall seines Sohnes berichteten. Seit sein Name in der Zeitung stand, hatten sich seine Patienten, einer nach dem anderen, von ihm zurückgezogen, und auch die gewohnten Einladungen der Nachbarn waren ausgeblieben.

Jeden Morgen, sobald er den Postboten hatte kommen hören, war er ihm entgegengeeilt, hatte, in der Tür stehend, mit kalten feuchten Händen in der Zeitung geblättert und nach seinem Namen gesucht. Als würde sein Name, indem er ihn in der Zeitung las, gar nicht mehr zu ihm gehören. Als hätte man ihn überfallen und ausgeraubt, aus dem eigenen Haus gejagt, in dem er seitdem ängstlich herumging. Die Wände waren nicht mehr diejenigen, die ihn umgeben hatten, als er damals mit Maria eingezogen war. Manchmal fand er sich selbst an der Treppe zum Dachboden wieder, Marias Namen rufend. Er ging durch die Räume und suchte ihr Lachen, obwohl er wusste, dass sie gar nicht mehr hier sein konnte, weil sie jetzt in einem Appartement in der Stadt wohnte.

Er sprach mit sich selbst, wühlte immer wieder in den Zeitungsartikeln und suchte seinen Namen, suchte nach ihm, wie nach etwas, das man ihm gestohlen hatte. Sein Name gehörte jetzt jenen, die ihn schrieben, und nicht ihm, wie auch das Haus all die Jahre gar nicht wirklich ihm gehört hatte, so wenig, wie er eine Frau hatte oder einen Sohn, und er begriff, dass dies dasselbe war wie Sterben.

Maria war in jener Nacht erst sehr spät nach Hause gekommen und hatte kein Wort gesagt. Erst am nächsten Morgen eröffnete sie ihm beim Frühstück, sein Sohn sei in der Nacht, während sie arbeitete, in ihr Studio eingedrungen, habe sich *wie ein Tier* benommen. Sie sagte das Wort *Tier* in einer Mischung aus Bedauern und tiefem Abscheu. Sie hatte ihm dabei ins Gesicht geschaut, als wären er und sein Sohn ein und derselbe. *Die Einweisung,* hatte sie gesagt, sei ihr letzter erzieherischer Akt, ihr letzter Versuch, ihren Sohn vor sich selbst zu retten. Vielleicht war sie selbst überrascht, als sie ihn fanden und ihn dann wirklich in die Klinik steckten.

Herr Rosenberg stand in seinem Arbeitszimmer, beide Arme auf dem Tisch abgestützt. Neben dem von einem renommierten Wissenschaftsverlag abgelehnten Manuskript seines zweiten Buches über die Sprachentwicklung stand das Tonbandgerät, mit dem er das Gestammel seiner Patienten aufgenommen und es ihnen anschließend vorgespielt hatte. Eine Methode, die er anwandte, um die Selbstwahrnehmung der Patienten zu prüfen. Er hatte seine Patienten immer in einem tiefen Sumpf gesehen, verstrickt in ihrer eigenen Stimme, in einem Chaos von Wörtern und Klängen, und es hatte ihn jedes Mal fasziniert, dass es Menschen gab, für die schon ein einzelner auszusprechender Buchstabe eine Qual bedeutete. Er wollte ihnen helfen, sie herausziehen, ihnen die Möglichkeit eröffnen, zu sprechen, was, wie er geschrieben hatte, einem *Auf-die-Welt-Kommen* gleichkam. Mit Schrecken dachte er, während er mit zusammengepressten Lippen das Tonbandgerät wegwarf, an das Schweigen, das Eliza ihm entgegengehalten hatte, als hätte ihr Schweigen mehr Gewicht gehabt als sein Reden.

Jeden Nachmittag ging Herr Rosenberg zur Klinik, um seinen Sohn zu besuchen, obwohl die Frau in der Empfangshalle jedes Mal, schon während sie ihn durch die Drehtür kommen sah, bedauernd abwinkte. Herr Rosenberg nahm den Weg auf sich, mit der Routine, mit der man eine Pflicht erfüllt, für die man dankbar ist, weil man keine andere mehr hat. Regelmäßig setzte er sich dann in der Nähe in ein Café, von dem aus er die Klinik sehen konnte. In dem Café beobachtete Herr Rosenberg einen jungen Kellner. Er wirkte so, als habe er nicht vor, sein ganzes

Leben als Kellner zu verbringen. Dann dachte er über den Tod dieses jungen Mannes nach, während er ihm zusah, wie er freundlich Gäste bediente, beflissen das Geld einsammelte und dabei nicht ein kleines bisschen Tod im Gesicht hatte. Herr Rosenberg erschrak über sich selbst, fühlte sich unanständig, einfach über den Tod eines Fremden nachzudenken. Aber auch, weil er Mitleid hatte, dass der junge Kellner über sein Sterben noch gar nichts wissen konnte, ließ er ihm ein ungewöhnlich hohes Trinkgeld auf dem Tisch zurück.

Wenn Herr Rosenberg dann am frühen Abend auf den Goldhügel zurückkehrte und die Allee zu seinem Haus entlangging, kam ihm manchmal Julia entgegen, die einen Kinderwagen vor sich her schob. Kurz nach Georges Einweisung hatte Julia beschlossen, nicht länger bei den Rosenbergs zu bleiben und das Angebot anzunehmen, bei Nachbarn als Kindermädchen zu arbeiten. Sie lebte jetzt drei Häuser weiter in derselben Straße bei einer Familie mit drei Kindern. Wenn sie aneinander vorbeigingen, grüßte sie Herrn Rosenberg auf eine ihm unangenehme komplizenhafte Art, die ihm jedes Mal das Gefühl gab, er hätte ihr in einem Moment von Unaufmerksamkeit zu viel von sich erzählt.

In einem weiß gekachelten Raum zapfte eine Frau Eliza eine Pipette voll Blut ab. Die Krankenschwester band ihr die Luftmanschette des Blutdruckmessers um den Arm, und Eliza sah den roten Zeiger hinter dem kreisförmigen Glas hochsteigen, sie fühlte, wie der Druck um ihren Arm langsam abnahm und sie erleichterte. Nachdem sie ein paar Minuten gewartet hatte, wurde sie ins Zimmer geschickt, in dem der Arzt hinter seinem langen Tisch saß.

»Sie sind jung und gesund«, sagte er zur Begrüßung.

Als er ihren ungläubigen Ausdruck bemerkte, lehnte er sich im Sessel zurück und klopfte mit einem Bleistift auf seinen behaarten Handrücken.

»Es ist schon das dritte Mal, Eliza Rosenberg, das dritte Mal innerhalb von einer Woche, dass ich das zu Ihnen sage, und ich möchte Sie bitten, es nun zu glauben und in den nächsten Tagen nicht wiederzukommen.«

Eliza war überzeugt, ein Virus in sich zu tragen, etwas, das sie krank machte und von innen her zersetzte. Vielleicht ist es nur noch nicht entdeckt worden, überlegte sie. Vielleicht hätte man mich röntgen müssen, um es zu finden.

Neben der Arztpraxis war die Nutztierklinik, und jedes Mal, wenn Eliza daran vorbeiging, hörte sie atemloses Kläffen, Hufschläge, die gegen eine Tür donnerten, und sie dachte, dass es zwar ein Tierspital war, aber immer so klang, als ob die Tiere darin gefoltert würden.

Zu Hause stand ein Koffer in der Mitte des Zimmers. Alle Fotos und Artikel waren von den Wänden verschwunden, und Sue ging aufgeregt durch die Räume in Erwartung ihrer Abreise.

»Ich kann Menschen nicht ausstehen, die Koffer packen«, sagte Eliza, als sie eintrat.

»Meine FreundinSchwesterSchwesterTochter!«, rief Sue und drückte Elizas Kopf an ihre Schulter, wo es nach Whisky und Milch roch.

Das Bett war plötzlich größer. Eliza legte sich quer hinein, mit ausgestreckten Armen und Beinen, damit nicht so viel leere Fläche um sie war. Am Morgen erwachte sie vom Sirren der Vögel draußen.

Sie hörte Wassergeräusche in der Wohnung über ihr, das Zuschlagen von Türen. Ein Kind rief im Hauseingang nach seiner Mutter, es hörte nicht auf zu rufen, ein ungeduldiges, ausdauerndes Rufen, weil die Mutter nicht kam. Und Eliza hätte das Kind gerne vom Hauseingang weg zu sich hereingeholt, damit es endlich still würde.

Es war Elizas erster Arbeitstag, und der Bus brachte sie durch dieselbe Landschaft, durch die Sue schon gefahren war, an den Kieshügeln und Traktoren vorbei. Sue befand sich jetzt in einer anderen Umlaufbahn, und Eliza wusste, dass Sue nicht mehr an sie dachte, weil sie an einem neuen Ort war und dabei, zu vergessen. Eliza fuhr die Strecke, eine fest vorgezeichnete Spur.

Elizas Chef, der Koch, war ein kleiner freundlicher Mensch, der kaum redete. Während Eliza das Gemüse putzte, blickte sie von Zeit zu Zeit in seine Richtung, um sich zu vergewissern, dass sie sich nicht alleine im Raum befand. In der Mittagspause suchte sie sich einen Tisch an der Fensterfront, von dem aus sie den Himmel sehen konnte und die Flugzeuge, die ihn wie lebendige Wesen bevölkerten. Sie überlegte, dass es Leute geben musste, die sich darum kümmerten, den Himmel zu organisieren, damit die Menschen da oben alle aneinander vorbeikamen.

Eliza hatte schon seit Tagen kein Wort mehr gesprochen. Sie war alleine in der Wohnung. Das Licht der Leuchtreklame blinkte abwechselnd rot und gelb ins Zimmer. In der Nacht durchbrachen Flugzeuge die Schallmauer, und danach war es für ein paar Sekunden noch stiller als sonst. Das Muschelhorn lag auf dem Tisch, so, wie es immer bei Großmutter auf dem Tisch gelegen hatte, jetzt war ihre Stimme in dem Muschelgehäuse aufbewahrt. Es war nicht mehr notwendig zu sprechen. Eliza war vollständig mit Schweigen ausgekleidet. Wenn zu viel Stille in ihr war, nahm sie das Muschelhorn, öffnete das Fenster und rief in alle Himmelsrichtungen. Ihr Atem strömte durch das weiße Gehäuse, die Verlän-

gerung ihrer Stimme, und sandte einen trompetenhaften Ruf aus. Manchmal blickten Menschen in die
Richtung, aus der der Ruf des Muschelhorns kam,
als hörten sie ein Signal aus einer anderen Welt, und
blieben, mitten im Lärm der Stadt, kurz stehen.